平凡社新書
1074

超難関中学のもっとおもしろすぎる入試問題

松本亘正
MATSUMOTO HIROMASA

HEIBONSHA

超難関中学のもっとおもしろすぎる入試問題●目次

はじめに……7

第1章 開成が求める「一般常識」……13
GAFAの「G」／東大本郷キャンパスがある区は？
さらに細かい「東京問題」／教科書にも出てくる杉原千畝
終戦時の内閣総理大臣は？／リニア中央新幹線のルート
増えつつある「読み取り系」問題／おさえておきたい社会の「常識」
男子校だからこそ身につけたいジェンダー平等意識

第2章 聖光学院が求める「一般教養」……39
仮想通貨のシェア1位は？／香港の民主化運動の「女神」
「フェアトレード」って何だ？／ハトの反対の鳥は？
人生経験豊富な大人向けの問題／なぜ「賛成」ではなく「容認」なのか
合格のチャンスは一度きりではない／二度出題された「エンゲル係数」問題

第3章 筑駒が求める「貢献」……65
孤独・孤立の問題の背景／学校目標は入試問題にも表れる／新型コロナの社会的影響

第4章　関西難関中の「おもしろすぎる」入試問題……89
〈西大和学園・東大寺学園・洛南〉
妊婦さんに配布されるバッジは？／ポケモン？　マリオ？
「人造バター」／このお肉はどこから？／「食」を通じた社会支援
「完全養殖」に成功した魚／「ハラルマーク」／イスラム教の聖典は？
北陸新幹線関連の問題／この時刻表は何駅のもの？
この時刻表はどこの空港のもの？

第5章　渋幕・渋渋が求める「なぜ？」……113
おじいさんがかりとってきた「シバ」／休日や夜に裁判官が宿直しているワケ
硬貨の投入口の「縦と横」問題／ペットボトル入り冷水の無料配布のワケ
なぜシンガポールは繁栄したか／「離婚してください」と妻が夫に求めたワケ
信長の気持ちを4文字で表すと／「水」がある場所に人が集まる
都市封鎖を何と呼ぶか／映画館に行かなくなった理由
3月に東京にやって来る人が多いのはなぜ？
プーチンがオンラインで会議に参加した理由／考察系の歴史問題

第6章　三田国際学園の「PBL型入試問題」……143
人口10万人あたりのハンバーガーショップが多いのは？
県境に同じ地名がある理由／ジェンダー問題について考える
唐の皇帝から指摘されたこと／移民・難民に関する問題
〝あなたはどう思う？〟を大事にした問題
第7章　中学入試問題は時代を映し出す鏡……173
〈鷗友学園女子・広尾学園・ラ・サール・麻布・豊島岡女子・筑波大附属〉
〝書く量〟が多い鷗友学園女子／人間はAIとどう向き合えばよいのか
日本の介護の現状を考える／なぜ核兵器を持ち続ける国があるのか
東京ディズニーランドの料金／「フィルターバブル」と民主主義社会
消防活動や郵便番号について問う／日本の発酵食品
なぜ猪を「ぼたん」と呼ぶのか？／あみだくじの語源の仏さまは？
根拠のないうわさ話を何という？／自然災害伝承碑
おわりに……213

はじめに

中学受験は特殊な世界だと思われるかもしれません。小学生が夜遅くまで週に何度も塾に通い、土日や祝日も受験対策をしている姿に、自身の小学生時代と比べて違和感を覚える方も少なくないでしょう。

しかし、都市部では一部の人が挑戦するものではなく、一般化しています。東京都内の私立中学への進学率は、文京区、中央区、港区で4割以上、国公立中に進学した生徒も含めれば半数以上が中学受験に挑んでいると想定されます。また、目黒区、新宿区、杉並区など8区でも私立中への進学率は3割以上です（東京都教育委員会資料より）。塾で指導していると、保護者自身が中学受験を経験されているというケースも増えてきました。今や都市部では中学受験は中学に進学する際の有力な選択肢の一つです。

また、地方でも受験が必要な公立中高一貫校が増えています。公立志向が強いとされている愛知県でも、2025年春に県立中高一貫校が開校することになり、これによって47都道府県のうち42の都道府県で設置となりました。公立中高一貫校は調査書を点数化するなど学力検査だけで合否が決まるわけではありませんが、中学入学のために入試や適性検査を受ける割合は増えているのです。

この数年、中学受験がよりいっそう過熱していると言われるようになりました。その要因として、新型コロナウイルス感染症も挙げられます。ICT環境に優れ、すぐに授業のオンライン化を実現した私立の学校が数多くありました。緊急事態宣言、学校の一斉休校などの混乱を経て、私立の方が変化に素早く対応できることが可視化されたのです。

政策が影響している面もあります。教育無償化によって、東京都内では所得制限のない私立高校の無償化が実現されました。すると、「私立の授業料も中高6年間だと高いが、中学の3年間であるならば挑戦する価値がある」と考える家庭も出てきたのです。

このように、私立を中心に中学受験のニーズは高まってきています。では、いったいどのような問題が中学入試では出題されるのでしょうか。本書ではさまざまな「おもしろい」問題を紹介していきます。

- 「GAFA」のうち、「G」が指す企業の名前をカタカナで答えなさい。
- 仮想通貨の先駆的存在で、運用開始以来シェア1位を続けているものを、カタカナで答えなさい。
- 「桃太郎」の冒頭では、おじいさんは山にシバかりに、おばあさんは川へ洗たくに行きます。このおじいさんが山でかりとった「シバ」は、どのようなことに使われたと考えられますか。

現代社会の知識を試す問題から、昔話を題材にした問題まであります。中には、東京ディズニーランドのパークチケットの価格設定から企業側のメリットを論じさせるものまで。一問一答の暗記だけではありません。大人顔負けの教養を試す問題もあります。

- 辺野古新基地建設にあたって「反対」派と「容認」派と表現されることがあります。なぜ「賛成」派ではなく「容認」派と表現するのか説明しなさい。

たしかに耳にするけれど、深くは考えたことがなかったと言われるような問題です。時事問題も多く取り入れられています。ＡＩ（人工知能）、選択的夫婦別姓制度、フィルターバブルなどです。中学入試問題は、現代社会を映し出す鏡のような存在です。

大学入試改革の影響を受けて、知識よりも読み取りが重視されてきたことに加え、２０２０年代に入ると、探究型学習、ＰＢＬ型授業を入試問題に反映した問題がさらに出されるようになっています。探究型学習とは、情報を分析し、自らの考察や意見を発信する学習法です。ＰＢＬ型授業とは、Project Based Learning の略称で、生徒自ら問題を見つけ、自ら解決できるようになるために、課題を与えて、解決方法を探し出す過程そのものが学習になるという授業です。ゆくゆくはビジネスの世界で求められる素養を先取りして育成する学校が増え、注目を集めています。本書の後半では、中学入試問題自体が探究型、ＰＢＬ型になっている事例を紹介します。

中学受験に向けた学習は、社会に関する感度を高め、将来必要な素養を身につける入り口になるものだと感じています。本書を通じて、中学入試が単に詰め込み式、暗記勝負ではないことを知っていただけたら幸いです。

＊本書に掲載した問題の解答例は、著者の考察に基づくものです。ただし、一部、出題校が開示した解答例も掲載しています。また、問題文自体を一部改変している部分もあります。

＊問題の末尾には出題校名と出題年を記載しました。

第1章

開成が求める「一般常識」

約150年の歴史を持つ開成中学は言わずもがな、首都圏屈指の進学校です。2024年は東京大学に149名の合格者を出し、合格者数は43年連続1位となりました。

開成中で出題された社会の問題では、現代社会に関するものや、こんなことまで求められるのかと思うような細かい知識を問うようなものがあります。

拙著『超難関中学のおもしろすぎる入試問題』でも開成中からスタートしましたが、今回も同じく開成中から始めていきたいと思います。

では、さっそく入試問題を見ていきましょう。

GAFAの「G」

> 巨大IT企業のうち代表的な四つの企業は、それらの頭文字《かしらもじ》を取って「GAFA」と総称されています。このうち、「G」が指す企業の名前をカタカナで答えなさい。
>
> 〈開成2022〉

ビジネスパーソンであれば常識的な問題でも、子どもにとってはちょっと難しいのではないか——そんな問題です。それでも開成中はクイズ研究部などの部活があるくらいの学校ですし（「全国高等学校クイズ選手権」の常連校です）、こういう問題にあっさり正解できる知識を持つ子も多いのでしょう。正解は「グーグル」です。

Google は私たちの生活に根付いています。世界でもっとも使われる検索エンジンであり、Google で検索することを指す「ググる」という言い方まであるくらいです。Gmail（ジーメール）や Google Maps（グーグルマップ）は日常的に使われていますし、動画配信サービスの YouTube（ユーチューブ）も Google の子会社です。

GAFAの残り3つの企業も多くの人の生活に根付いています。Amazon（アマゾン）、Facebook（フェイスブック）、Apple（アップル）です。Amazon は世界最大のネット通販事業を展開していますが、インターネットの小売業にとどまらず、動画サービスなどのサブスクを利用できる Amazon Prime（アマゾンプライム）、電子書籍の Kindle（キンドル）など多くのサービスを提供しています。

Instagram（インスタグラム）の運用でも知られたフェイスブックは2021年からメタ・プラットフォームズ（通称 Meta）という社名になっています。多くの若者がインスタグラムにのめりこみ、知らない人とやり取りすることで犯罪に巻き込まれるケースも多発しています。そこで、「ティーンアカウント」と呼ばれる子ども向けアカウント、つまり子どもが閲覧するコンテンツを親が制限する機能が導入されました。

アップルは、iPhone（アイフォーン）で有名ですが、デジタル家電製品を開発、販売するだけの会社ではありません。Apple Music などのエンターテインメント、iCloud（アイクラウド）などのクラウドサービスも手掛けています。

なぜ、このような問題が出題されたのでしょうか。当然、「GAFA」のことなど小学校の教科書に載っているわけではありません。社会常識、一般教養として問われたのだと思います。中学入試は、教科書や問題集に載っていないことからも出題されます。

東大本郷キャンパスがある区は？

次は、開成中ではおなじみの「東京問題」です。拙著『超難関中学のおもしろすぎる入試問題』でも開成中の「東京問題」を紹介しました。今回はその続編、最新の問題に挑戦していただきます。

文京区と台東区に位置する施設や地名の組み合わせを、次のア～エからそれぞれ一つ選び、記号で答えなさい。

ア　上野恩賜《おんし》公園、上野動物園、国立西洋美術館、東京国立博物館、浅草寺《せんそうじ》

イ　お台場海浜《かいひん》公園、迎賓館《げいひんかん》赤坂離宮《りきゅう》、芝《しば》公園、増上寺、東京タワー

ウ　銀座、日本橋、築地《つきじ》場外市場、築地本願寺、浜離宮恩賜庭園

エ　小石川植物園、東京大学本郷キャンパス、東京ドーム、湯島聖堂、湯島天神

〈開成2024〉

東京23区内に住んでいたら答えられるでしょうが、それ以外の地域の方にとってはやや難問です。まずは正解から。文京区は「エ」、台東区は「ア」です。文京区は、古くから文教地区であったことからその名がつけられました。東京大学に多数の合格者を出す開成中だからこそ、東京大学本郷キャンパスの位置くらいは知っておいてほしいという意図があったというのは考えすぎでしょうか。

台東区も新たにつけられた名前です。「台」は気品の高さを表す文字で、上野の高台と

いう地理的な要因からも選ばれました。そして「東」は聖徳太子が小野妹子を遣隋使として派遣した際に書かれた「日出《ひ い》ずるところ」の東であり、日の出から発せられる若さや強さなどのイメージを表すことに加え、上野台の東に位置する浅草を示しているそうです。昔から続いている地名ではないのですね。台東区と言えば上野、浅草とわかれば正解できます。開成中は過去にも上野に関する問題が出題されていますから、過去問をやりこんだ生徒にとっては簡単な問題でもありました。

イは港区です。東京商工リサーチによると、港区住民の6～7人に1人は社長。六本木ヒルズ、麻布台ヒルズなど有名な商業施設が集まる最先端の情報発信地でもありますが、徳川家代々の墓がある増上寺《ぞうじょうじ》や、赤穂《あこう》浪士の吉良《きら》邸討ち入りで知られる赤穂義士四十七士の墓で有名な泉岳寺《せんがくじ》もあるように、歴史を感じられる土地でもあります。なお、吉良邸は墨田区にあります。

ウは中央区です。銀座の地名の由来は、江戸時代に銀貨鋳造所があったことから。築地の地名の由来は江戸時代、明暦の大火の後に埋め立てられたことにあります。海岸に築いた土地だから、築地なのです。地名の由来を知ると、歴史がわかります。日本橋は江戸時代、五街道の起点でした。ここから、東海道、中山道、奥州街道などが始まっていたのです。日本橋のたもとにある船着場から1時間前後のクルーズ船が出ており、船頭さんが江戸時代からの歴史を教えてくれます。首都高速が上空を覆っているため情緒を感じにくい日本橋周辺も、首都高速の地下化が完成したら、景色は一変するでしょう。

この「東京問題」は東京23区に住んでいない方でも正解できたかもしれませんが、次の問題は難問です。

さらに細かい「東京問題」

春樹：私は西東京市という市に住んでいます。西東京市は、2001（平成13）年に二つの市が合併《がっぺい》してできた市です。西東京市は東京23区の一つである練馬《ねりま》区とも接していて、名前は西東京市だけど、東京都全体の地図で見ると東京都のほぼ中央に位置しています。

傍線部について、二つの市の組み合わせとして正しいものを、次のア～エから一つ選び、記号で答えなさい。
ア　昭島《あきしま》市と日野市　イ　稲城《いなぎ》市と多摩市
ウ　田無《たなし》市と保谷《ほうや》市　エ　羽村《はむら》市と福生《ふっさ》市
〈開成2024〉

そもそも西東京市を知らない人もいるかもしれません。東京都民であれば、日野市や多摩市など知っている市があればそれは当てはまらないことがわかります。問われているのは市町村合併でなくなってしまった名前なのですから。正解は「ウ」。なお、この問題は鉄道好きの受験生にとっては簡単な問題だったでしょう。練馬区と接しているとなれば、練馬駅を通る西武池袋線の駅を考えてみると、まず保谷駅が当てはまります。ひばりヶ丘駅の一つ前です。田無《たなし》駅は西武新宿線。練馬区にある上石神井《かみしゃくじい》駅の先なので、これも西東京市と言えそうです。

さいたま市が、浦和市、大宮市、与野市の3市が合併して2001年に誕生し、2005年に岩槻市も合併したことはこれまで中学受験で出題されてきましたが、西東京市まで出題されるとは思いませんでした。消去法で解けるとはいえ、こんなことまで求められるのかと思うような細かい知識を問う問題でした。

教科書にも出てくる杉原千畝

続いて、歴史の問題を紹介していきます。

ナチスによるユダヤ人迫害《はくがい》から救うために、いわゆる「命のビザ」を発行してユダヤ人の海外逃亡《とうぼう》を助けた杉原千畝《すぎはらちうね》は、当時どこの領事館に赴任《ふにん》していたか、次のア～エから一つ選び、記号で答えなさい。

ア　エストニア　　イ　フィンランド

ウ　ラトビア　　エ　リトアニア

〈開成２０２４〉

杉原千畝は小学校の教科書にも登場しています。第二次世界大戦中にドイツ占領下のポーランドなどから逃れてきたユダヤ人を含む数千人に対して大量のビザを発行し、日本経由で海外に逃がしたのは１９４０年夏のことです。

正解は「エ」のリトアニア。なぜ、正解がリトアニアなのか、そして日本経由だったのか、少し長くなりますが理由も紹介します。当時、ヨーロッパはヒトラー率いるドイツが優勢で、ユダヤ人がポーランドなどからリトアニアに逃れます。リトアニアではソ連が影響力を持っており、ユダヤ人にとっては比較的安全と考えられていたからです。さらに安全な地域に移動するには、東に行くしかありません。ソ連のウラジオストクから船で日本の敦賀まで渡り、そこからアメリカなど他国を目指すのです。

1940年9月に日独伊三国同盟を結んだことからもわかるように、ユダヤ人を迫害していたドイツと日本は友好関係にありました。そのような中でユダヤ人を救えば、関係性が強いドイツ、ひいては軍部の上層部からにらまれたことでしょう。実際、ビザの発給要件は厳格にせよという通達が出されていましたが、それでも杉原は人道上避難民の申請を拒否できないと考え、彼らを救うために日本通過のビザを出したのです。リトアニア第二の都市でソ連による併合前は首都でもあったカウナスに領事館はありましたが、リトアニアがソ連から領事館の閉鎖を求められていたこともあり、8月中には閉鎖。それでも、杉原はホテルに移り、領事館に来た人にそのことを伝える張り紙をして、ホテルでもビザに代わる渡航許可証を書き続けます。ドイツのベルリンに去らなくてはならない9月5日、その列車の中でも渡航許可証を書き続けました。

カウナスの「杉原千畝記念館」は当時の領事館を改装してつくられており、映像や当時の資料などから歴史を学ぶことができます。

私が訪れた2024年は新型コロナウイルス感染症、そしてロシアによるウクライナ侵攻もあって日本からの観光客が激減した頃でした。記念館を訪れた人は他に誰もおらず、貸し切り状態。記念館の運営も厳しい状況にあるようでした。

リトアニアのカウナスにある杉原千畝記念館。当時、領事館として使われていた建物を博物館としてそのまま利用している。著者撮影

リトアニアはロシアとその同盟国のベラルーシに挟まれています。1991年にソ連から独立を果たすことができましたが、またロシアから侵攻されるかもしれません。首都ビリニュスではウクライナの国旗を多く目にしましたし、ソ連の情報機関であり秘密警察でもあったKGBの牢獄が残されている「ジェノサイド博物館」には多くの人が訪れていました。

リトアニアを知っている方はそれほど多くないでしょう。雑学的な問題に思えますが、杉原千畝が小学校の教科書にも出てくることを考えると、受験生にとってはそれほど難しく感じなかったと思われます。

終戦時の内閣総理大臣は?

続いても歴史の問題です。

日本が終戦を迎えた日(1945(昭和20)年8月15日)における日本の内閣総理大臣を、次のア~エから一つ選び、記号で答えなさい。
ア　近衛文麿《このえふみまろ》　イ　鈴木貫太郎《すずきかんたろう》
ウ　東条英機《とうじょうひでき》　エ　米内光政《よないみつまさ》
〈開成2024〉

なんとなく、ウの東条英機を選んでしまいそうになります。開成中の過去問を次に中学受験に挑む小学6年生に解かせてみたのですが、この問題の正答者は半数程度と低く、誤答はほぼ東条英機を選んだものでした。太平洋戦争開戦時の総理大臣でもあり、敗戦後、東京裁判を経て死刑となったことから、ぱっと思い浮かぶのだと思います。しかし、１９４４年にサイパン島が陥落した後、責任をとって辞任しているわけですから違う人物となります。

「太平洋戦争開戦時の総理大臣はだれですか」という形で東条英機を答えさせる問題であれば基本問題となりますが、終戦時となるとやや難しい問題です。アの近衛文麿は１９４０年に日独伊三国同盟を結んだ際の総理大臣ですから、それを外してイとエの二択から選んだ受験生もいたことでしょう。

正解は「イ」の鈴木貫太郎。海軍の軍人などを経て、１９４５年総理大臣に就任し、陸軍大臣などと意見の相違がある中、ポツダム宣言を受諾しました。エの米内光政は長く海軍大臣を務めたほか、１９４０年、近衛文麿の前に総理大臣を務めており、日独伊三国同盟に反対の立場でした。終戦時も海軍大臣で、早期講和派であったことから、東京裁判では裁かれていません。

少し細かい知識を問う問題ではありましたが、埼玉県の女子校、浦和明の星女子中学でも次のような選択問題として出されています。

太平洋戦争を開戦した時と、ポツダム宣言を受け入れた時の内閣総理大臣の組合せとして正しいものを、次の（ア）～（エ）から一つ選び、記号で答えなさい。

（ア）東条英機《とうじょうひでき》－鈴木貫太郎《すずきかんたろう》　（イ）近衛文麿《このえふみまろ》－幣原喜重郎《しではらきじゅうろう》

（ウ）東条英機－幣原喜重郎　（エ）近衛文麿－鈴木貫太郎

〈浦和明の星女子２０１９ 第２回〉

日本が関わった戦争に関係する問題は、必ず毎年どこかの学校で出題されます。今回の問題は人物名を漢字で解答させるわけではないので、選択肢を見て思い出せればいいレベルに調整されています。しかし、この程度の知識は当然のように難関校では求められています。

幣原喜重郎は、鈴木貫太郎の2代後に総理大臣になっています。正解は（ア）です。

リニア中央新幹線のルート

続いては話題を変えてリニア中央新幹線に関する問題です。

品川駅・名古屋駅間で、超電導リニアモーター方式の中央新幹線（リニア中央新幹線）の建設工事が進んでいます。

解答らんの地図は、在来線の中央本線のルート（東京駅・名古屋駅間）を示したものです。この地図中に、リニア中央新幹線のルートを書き込んで示しなさい。品川駅は、東京駅と同じ場所でかまいません。

〈開成２０２３〉

鉄道好きの受験生にとって、思わず、にやりとしてしまう問題だったことでしょう。東京都、神奈川県、山梨県、わずかに静岡県、岐阜県、愛知県を通ることを知っていれば正解に辿りつくことができます。

解答は次のようになります。

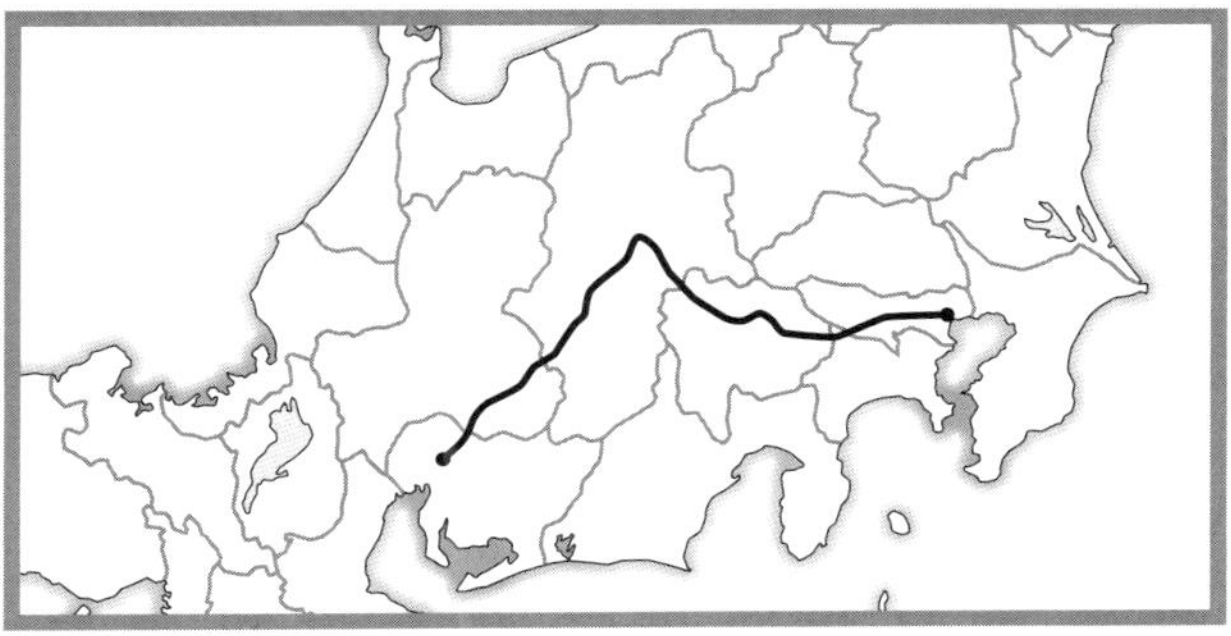

リニア中央新幹線は当初、2027年の品川―名古屋の先行開業の予定でしたが、静岡県を流れる大井川の流量が減少するなどの理由で当時の静岡県知事が静岡工区の着工に反対したこともあって大幅な遅れが出ています。政府は最短で2037年の品川―新大阪の全線開業を目指しています。

中学受験では交通網に関する問題はよく出題されていきます。かつては他校で、九州新幹線が博多駅から鹿児島中央駅までの間に通る県名の順を選ぶ問題が出題されました。こちらは、「福岡県→佐賀県→福岡県→熊本県→鹿児島県」が正解となる問題であり、一度佐賀県を通った後に再度福岡県というところが複雑です。このように、鉄道好きの生徒には有利になる問題もあります。

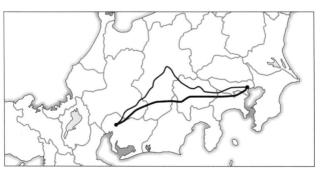

増えつつある「読み取り系」問題

ここまで、知識重視の問題を紹介してきましたが、中学入試問題は「雑学王選手権」ではありませんし、どれだけ知識や一般教養を身につけているかの勝負でもありません。

続いて公民分野の問題を紹介します。令和の受験では避けては通れない「読み取り系」の問題です。2020年に始まった「大学入試改革」によって、大学入試センター試験はなくなり、共通テストに移行しました。従来との違いの中で目立つのは、本文や資料が増え、読み取ることが求められる点です。そして大学入試の改革は中学入試の問題にも影響を与えました。

アメリカ大統領選挙の制度を説明した次の文章を読んで、選挙の勝敗について、下のア〜ウから正しい文をすべて選び、記号で答えなさい。一つもない場合には「なし」と答えなさい。

アメリカ大統領選挙では、まず州の人口に応じて選挙人が割り当てられます。11月に各州の有権者は、大統領候補の一人に投票します。その票は州ごとに集計され、票数に応じて、候補がその州の選挙人を獲得《かくとく》します。ほとんどの州では、得票数の最も多かった候補が、その州の選挙人全員を獲得します。
12月に全米の選挙人が集まって投票を行い、そこで過半数の票を獲得した候補が大統領になります。

ア　12月の投票で、全米の選挙人の過半数が投票した候補が、大統領選挙において敗れる可能性がある。
イ　11月の投票で、全米の合計得票数の過半数を獲得した候補が、大統領選挙において敗れる可能性がある。
ウ　11月の投票で、全米の過半数の州で得票数1位となった候補が、大統領選挙において敗れる可能性がある。
〈開成2021〉

アメリカ大統領選挙についての問題です。これは2021年の問題ですから、前年2020年の大統領選挙を踏まえて出題されたのでしょう。アメリカ大統領選挙の仕組みを知っておく必要はありません。「読み取れ」ばいいのです。正解は「イ・ウ」。まず、アは最後の行を読めば正しくないとわかります。

イは合計得票数の過半数を獲得したとしても、選挙人の数が過半数に満たない可能性があります。州別で選挙人総取りですから、人口が多く選挙人の数が多い州を取ると一気に差をつけられます。ただ、カリフォルニア州の54人、テキサス州の40人、フロリダ州の30人などが該当します。カリフォルニア州は民主党、テキサス州、フロリダ州は共和党が伝統的に強いので、実際にはこの州で勝負が決まるわけではありません。

そこで重要になるのは、スイングステートと呼ばれる、民主党と共和党の支持が拮抗《きっこう》している地域です。選挙人の数が少なかったとしても、揺れ動きやすい州を獲得すると、勝利しやすくなります。

アメリカ大統領選挙は独特の仕組みですから、総得票数が相手より多かったとしても落選することがあるのです。たとえば2016年大統領選で民主党候補のヒラリー・クリントンは全米で約6585万票を獲得し、共和党候補のドナルド・トランプの約6298万票を上回っていましたが、選挙人の数は232人対306人と大きく差をつけられました。幅広い州で相手候補より1票でもよいので多くの票を獲得することが重要になりそうですが、選択肢のウのように、過半数の州で得票数1位になったからといって勝利できるとも限りません。選挙人の数が少ない州をたくさん集めても、過半数に達しない可能性があるのです。

2024年の選挙では、共和党のドナルド・トランプ前大統領が、民主党の候補であるカマラ・ハリスに勝利し、「ガラスの天井」が破られることはありませんでした。これまでアメリカ大統領に女性が就任したことはありません。人種や性別によって不当に低い立場に置かされることを「ガラスの天井」と呼んでおり、アメリカ大統領も女性だとなれないのではないかと言われています。長くドイツの首相を務めたアンゲラ・メルケル、イギリスの首相を務め、「鉄の女」と呼ばれたマーガレット・サッチャーなど女性がトップに立つ例は過去にもありますが、その数は多くありません。

この問題は、前提知識がそれほど必要のない問題でした。

おさえておきたい社会の「常識」

ここで近年の中学入試事情について少し紹介します。

２０１０年代後半から２０２０年代前半にかけて、中学受験の過熱化が話題になりました。理由は大きく分けて３つあります。まず、２０２０年に始まる大学入試改革にいち早く対応できるのは私立中高一貫校であろうという期待感があったことです。次に、首都圏では大学入学定員の厳格化が行われたことで、有名私大の難度が上昇したことです。ＧＭＡＲＣＨ（ジーマーチ）と呼ばれる難関私大は、学習院大学、明治大学、青山学院大学、立教大学、中央大学、法政大学ですが、これらの学校に大学入試で入るのが難しくなるなら、早めに大学附属校に入学させたいというニーズの高まりがありました。さらに、新型コロナウイルス感染症が蔓延する中、いち早くオンライン授業を取り入れる私立中高の動きによって公教育より私学が優れているという判断がなされたこと。もともと私学の独自性などが評価されてきたところに３つの大きな要因が続いて、特に首都圏では加熱とも言える状態になっているのです。

では求められる知識量が増えているのかというと、少なくとも暗記すべき量は増えていないと感じます。以前はよく出題されていた「ぬるめ」「まわし水路」（稲作に関連する用語）がめったに入試で見られなくなったように、覚えなければならない単語量は減りました。その代わり一般教養や現代社会の話題を常識として身につけ、資料の読み取り問題に対応する必要が出ています。

受験生の負担に変化はないのですが、学びの質が少しずつ変わってきていると感じます。

男子校だからこそ身につけたいジェンダー平等意識

この章で最後に紹介するのは、現代的なテーマ、SDGs（Sustainable Development Goals）の中でもジェンダー平等に関する問題です。

> SDGsで掲げられる目標の一つに、「ジェンダー平等を実現しよう」というものがあります。日本でも、男女共同参画社会の実現に向けての取り組みが進められています。その中で、今日、「アンコンシャス・バイアス（無意識の思《おも》い込《こ》み）」の問題が指摘《してき》されています。
>
> 以下の〔資料〕にある傍線部の言動の背景には、母親に対するどのようなアンコンシャス・バイアスがあると考えられるでしょうか。解答らんに合わせて書きなさい。

〔資料〕

アンコンシャス・バイアスは誰《だれ》にでもあって、あること自体が問題というわけではありません。過去の経験や、見聞きしたことに影響を受けて、自然に培《つちか》われていくため、アンコンシャス・バイアスそのものに良《よ》し悪《あ》しはありません。しかし、アンコンシャス・バイアスに気づかずにいると、そこから生まれた言動が、知らず知らずのうちに、相手を傷つけたり、キャリアに影響をおよぼしたり、自分自身の可能性を狭《せば》めてしまう等、様々な影響があるため、注意が必要です。

…（中略）…単身赴任《ふにん》の母親に対して「え？母親なのに単身赴任？お子さん、かわいそうね…」といった言動が、母親や、家族を傷つけることがあるかもしれません。

（男女共同参画局「共同参画」２０２１年５月号より）

解答らん　母親は【　　　　　　　　　】というアンコンシャス・バイアス

〈開成２０２２〉

開成中は男子校です。大学受験向けの鉄緑会などの塾や予備校に通う中で同世代の女性との接点があるとは言え、中高の6年間は女性との接点が少ないことでバイアスがかかりやすい環境とも言えます。余談ですが、著者である私は地方の男子校に6年間通っており、そのほとんどが寮生活だったため、大学生になったばかりの頃は女性と話すことに戸惑いを覚えたものです。

さて、問題を解説していきます。ここでは「母親は単身赴任しないはずだ」という先入観があります。母親が仕事をするのは当たり前と考えているものの、単身赴任には驚いているわけです。今では、女性も社会で活躍する時代なので、「男は仕事、女は家庭」といった考え方は古いものですし、SDGsのジェンダー平等の観点からもよくないとされています。そうだとしても、「母親は家にいる存在で、単身赴任をするなら父親」というバイアスがあるのでしょう。【　】には、「仕事の有無にかかわらず家庭の中にいて、子育てをする」といった内容が入ります。

考え方は人それぞれです。母親は家庭の中にいて、子育てをするべきだという考え方が否定されるわけではありませんし、出題者もアンコンシャス・バイアス自体に良し悪しはないと言明しています。しかし、思い込みによって無自覚に人を傷つけ、それが自分自身にもはね返ってくることを教えたいのでしょう。

この問題が、首都圏私学男子校最難関の開成中で出題されたことに注目しました。男子校という特殊とも言える環境に入ってくる生徒だからこそ、そして高い学力層が集まる場だからこそ、偏りが生まれやすいことに対して自覚的であってほしいという思いがあって出題されたのかもしれません。

第1章では開成中の入試問題を取り上げました。東大合格実績トップが続く開成中ですが、現役東大合格者数を卒業生数で割って算出できる「現役東大合格率」だと開成中より高くなる学校もあります。第2章、第3章ではそれらの学校の「おもしろすぎる入試問題」を紹介します。

第2章

聖光学院が求める「一般教養」

２０２４年には東大合格実績が１００名という大台に乗り、話題になった聖光学院中。この年、卒業生のうち、現役で東京大学に合格した割合を示す「現役東大合格率」は開成中よりも高くなりました。

聖光学院の社会の入試問題では、現代社会に対する感度をはかる問題が出されます。

仮想通貨のシェア1位は?

> 仮想通貨とはインターネット上のみで取引できる通貨で、現金通貨より信用性が低いとされているものの、世界通貨になる可能性を秘《ひ》めているといわれています。そうした仮想通貨の先駆的《せんくてき》存在で、運用開始以来シェア（市場占有率）1位を続けているものを、カタカナで答えなさい。
>
> 〈聖光学院2018 第1回〉

大人にとっては当たり前でも、子どもにとっては難しい——そのような問題が聖光学院中でも出題されています。正解はもちろん「ビットコイン（ＢＴＣ）」。

今では多くの人が知っている単語ではありますが、この問題は２０１８年２月に出題されました。ビットコインの存在が広く知れ渡ったのは２０１７年、春の段階で１ＢＴＣ＝10万円、夏の段階で１ＢＴＣ＝50万円ほどでした。そこから年末にかけて急騰し、一時１ＢＴＣ＝２００万円を突破したのです。世間に知られて話題になり始めたタイミングで作問したのでしょうから、先見の明があります。

なお、ビットコインの価格は２０１８年に急落し、ビットコインバブルの崩壊を迎えます。その後、激しい値動きをしながらも、２０２４年には、１ＢＴＣ＝１０００万円を突破しました。作問時から10倍以上にはなったのではないでしょうか。

香港の民主化運動の「女神」

世の中で話題になっていることは教養として知っておいてほしいという問題は他にもあります。

「拘束《こうそく》されているときに『不協和音』の歌詞がずっと頭の中で浮《う》かんでいました」
——。

「　」の民主活動家で、「　　」国家安全維持《いじ》法違反《いはん》の疑いで逮捕《たいほ》された（　）

氏が保釈《ほしゃく》後に発した一言をきっかけに、3年前に発表されたアイドルグループ欅坂《けやきざか》46の代表曲が再び注目されている。

（中略）

「不協和音」は、ここ数年で日本語で書かれた最も強いメッセージソング（中略）「僕《ぼく》はYesと言わない」と、周りに対する抵抗《ていこう》と自由を歌う。

問1　新聞記事中の［　　］にあてはまる地名を漢字2字で答えなさい。

問2　新聞記事中の（　　）にあてはまる人名を答えなさい。ただし、表記は漢字でもカタカナでも構いません。なお、下の写真の人物がこの人物です。

〈聖光学院2021　第1回〉

（本人ツイッターより）

問1の答えは「香港」。これはすぐに出てくるでしょう。長くイギリスの植民地であった香港は1997年に中国に返還されましたが、50年間は一国二制度を取ることになっていました。外交・防衛を除き、中国とは異なる制度を適用して、高度な自治を認めるという内容です。しかしその後、香港では学生・市民の民主化運動が度々起こりました。中国で「香港国家安全維持法」が制定され、言論の制限がより厳しくなった２０２０年には、大規模な民主化運動が起こっていたのです。

問２はテレビやネットで目にしたことはあるけれど、すぐに名前が出てくるでしょうか。正解は「周庭（アグネス・チョウ）」です。民主化運動の「女神」とも呼ばれ、日本語が堪能なことから日本でも広く知られた存在だった周庭は２０２０年８月に逮捕され、釈放後にはカナダに渡りました。事実上の亡命と見られています。

海外の民主化運動まで興味関心を持って学ぶ余裕などないのではないかと思われるかもしれませんが、実は中学受験生には大きな武器があります。毎年、年末になると「時事問題集」が数冊、出版されます。話題になったニュース、受験で問われそうな内容が詳しく解説され、予想問題までついています。少なくとも、香港の民主化運動は中学受験生にとっては常識問題だったのです。

「フェアトレード」って何だ?

特定の年に話題になったものばかりが出題されるというわけではありません。

> 開発途上国の生産物を、その生産者の生活を支援するため、適正な価格で継続《けいぞく》的に購《こう》入《にゅう》する取引のことを何といいますか。次のア〜エの中から1つ選び、記号で答えなさい。
>
> ア　ステルスマーケティング　　イ　トレードオフ
>
> ウ　フェアトレード　　エ　フリーマーケット
>
> 〈聖光学院2019 第1回〉

コーヒー豆や、チョコレートの原料となるカカオ豆の主な生産地は開発途上国です。大企業は、できるだけ利益を出すために、低コストで生産したいのですが、過度にコストカットをすると発言力の弱い労働者の給料が削られてしまいます。そこで、生産者の生活を保障する契約によってつくられた生産物を購入しようとする動きがあります。正解は「ウ」

のフェアトレードです。

なお、アのステルスマーケティングは、消費者に広告とは気づかれないように行う宣伝活動です。本書についても、Amazonのサイトで大絶賛の口コミを量産して、消費者にヤラセとは気づかれずに宣伝活動を行う予定です……というのは、もちろん冗談です。イのトレードオフは、一方を追求するともう一方が成り立たなくなってしまうことです。たとえば、高品質と低価格はなかなか同時に満たすことができないため、本書の価格も高くなっています……というのも冗談です。エのフリーマーケットはいらなくなったものを売り買いする市のことです。本書も、じきにフリーマーケットのインターネット版といえるメルカリで安価で売られる運命にあります……というのも冗談のつもりですが、どうでしょうか。

なお、フェアトレードに関する問題は中学入試では頻出です。

フェアトレードとは、「発展途上国との貿易において、公正な取引をすることにより、途上国の人々の生活を助けるしくみ」を指す。フェアトレードに関連する文として、最もふさわしくないものを、次のア～エから1つ選び、記号で答えなさい。
ア　サッカーボールを作る労働者に適切な賃金を支払うことで、児童労働をなくしていくことができる。
イ　日本国内の温暖な地域でコーヒー豆の生産を行うことで、発展途上国から安い価格で輸入するのを防ぐことができる。
ウ　危険な農薬を使用せずに生産されたコットン製品（綿製品）を積極的に購入《こうにゅう》することで、生産者の健康を守ることができる。
エ　茶葉の生産者が本来受け取るべき賃金に見合った価格で取引をすることで、生産者の生活水準の向上につながる。
〈成城学園2024　第2回〉

この問題はフェアトレードに関する知識がなかったとしても、その場で考えて正解することができる問題です。「公正な取引をすることにより、途上国の人々の生活を助ける」わけではないものを選べば答えになります。正解は「イ」。発展途上国から輸入しなくなると、売り上げが下がり、生産者の生活は苦しくなってしまいます。

校内のクイズ研究部がかつて放映されていたTBS系列のテレビ番組「東大王クイズ甲子園」で優勝したことでも知られる埼玉県屈指の進学校の栄東中では、次のような問題が出題されました。

> 「エシカル消費」とは、よりよい社会へ向けた、人や社会、環境《かんきょう》などに配慮《はいりょ》した消費行動のことです。例えば、エコマークのついた商品を選んだり、消費期限の近い商品を購入《こうにゅう》したりすることは、環境に配慮した「エシカル消費」にあたります。「エシカル消費」にあたる、人や社会に配慮した行動を1つ考え、答えなさい。
>
> 〈栄東2024　B日程〉

「フェアトレードで作られた商品を購入すること」も正解になります。同じ年には神奈川県の有名進学校である浅野でもフェアトレードに関する問題が出題されるなど、中学受験生にとって常識になっています。

なぜ、フェアトレードに関する問題が多く出題されているのでしょうか。日本は、かつてGDP（国内総生産）が世界2位だったころの存在感は失われたとしても、相対的には豊かな国とされています。ましてや、中学受験に挑む生徒の経済環境は恵まれていると言えるでしょう。だからこそ、困っている人、苦しんでいる人に目を向けてほしいという学校の先生の意図を感じます。

では聖光学院中の入試問題に戻りましょう。

> 戦争や自然災害、貧困などのために住む家がなく、路上で物売りや物乞《ものご》いなどをしながら生活をしている子どもたちがいます。こうした子どもたちのことを「〇〇〇〇〇チルドレン」といいます。〇〇〇〇〇にあてはまる語を、カタカナ5字で答えなさい。
>
> 〈聖光学院2019 第1回〉

この問題も、同様の意図を感じる問題です。ただ単にたくさんの用語、話題になっている単語の暗記を求めているようには感じません。この一問は合否を分けるための問題というより、学校のメッセージ性を打ちだすための問題に思えます。弱者とされる立場の人に目を向けられるような子に来てほしいのではないでしょうか。正解は「ストリート」です。

ハトの反対の鳥は？

中学受験生を指導していると、こちらが驚くほど知識があったり、ニュースによく目を通したりしていると感じることがあります。小学6年生の上位クラスの休み時間ともなれば、東京都知事選挙に誰が立候補しているかだけでなく、支援している政党色が出過ぎているから不利に働きそうだとか、YouTube でよく見かける地方自治体の市長だから、若者の票をかなり獲得できそうだといった会話がなされています。2024年の自民党総裁選に出馬した9名の候補者全員のフルネームを覚えてくる子まで……総理大臣になった石破茂ならともかく、多くは入試で出題されることはないので他のことにその暗記力を使ってほしいと子どもたちには話しています。

鳩は一般的に「平和の象徴《しょうちょう》」としてイメージされ、政治の世界で穏健派《おんけんは》を「ハト派」とよぶことがあります。それに対して、強硬派《きょうこうは》を、ある鳥の名から「○○派」とよぶことがあります。○○にあてはまる鳥の名を、カタカナ2字で答えなさい。

〈聖光学院２０１８ 第２回〉

そんな彼ら彼女らでも苦戦するのはこちらの問題。正解は「タカ」です。好戦的であり、強硬派のイメージがありそうな鳥類の名前を思い浮かべたら正解できる可能性もありますから、思考力を試す意図があったかもしれません。ただ、政治談議好きな小学生なら楽に解くことができるという問題だったでしょう。

なお、政治だけでなく金融政策の場面でも出てきます。米国ＦＲＢ（連邦準備制度理事会）や日本銀行など各国の中央銀行のメンバーが、金利を上げて金融引き締めを行う立場ならタカ派、金利を下げて金融緩和を行う立場ならハト派となります。これによって為替レートや株価に影響が出ますから、市場関係者は大きな関心を寄せています。

人生経験豊富な大人向けの問題

では、次の問題です。すぐにわかった方は、小学生の誤答として一番考えられそうな解答も考えてみてください。

高度経済成長期から昭和の終わり頃《ごろ》まで、わが国には、社会の格差が少なく、国民生活が豊かであることを表現する「一億総［　Ｂ　］社会」という言葉がありました。この［　Ｂ　］にあてはまる語句を、次のア～エの中から１つ選び、記号で答えなさい。

ア　活躍《かつやく》　イ　懺悔《ざんげ》
ウ　中流　エ　メディア

〈聖光学院２０１８　第１回〉

この問題、引っかかるとしたら「ア」です。最近聞いたことがあるというだけでアに飛びついた受験生を不正解にしようという意図を感じます。わざわざ活躍をアにして、すぐ目に入るようにしたのではないでしょうか。

「一億総活躍社会」というフレーズは耳にしたことがあるはずです。担当大臣が置かれたのは２０１５年。そして２０１７年には、一億総活躍社会の実現のために「新たな三本の矢」を放つと閣議決定されました。名目ＧＤＰ６００兆円、希望出生率１・８、介護離職ゼロといった目標のうち、名目ＧＤＰ６００兆円は２０２４年になって達成されましたが、出生率は上向く気配がなく、介護離職ゼロも達成は見通せていません。一方、最大のチャレンジとした「働き方改革」はかけ声だけにとどまることなく、周知され、一定の推進があったと言えそうです。

正解は「ウ」、一億総中流社会です。年代が上になればなるほど簡単に感じる人が増えそうな問題ですね。小学生にはなじみのない言葉です。でも、知らなかったとしても、「社会の格差が少なく、国民生活が豊か」ということから、多くの人が中流と言えるだろうと考えれば選択できそうです。この問題を簡単だと思ったあなた、きっと人生経験豊富な方ではないでしょうか。若い世代にとっては難問です。

次も大人にとっては常識だけれども、小学生にはなじみがない問題です。

近親者に不幸があると「喪中《もちゅう》」と書かれたはがきを送り、新年の挨拶《あいさつ》ができないことの非礼を詫《わ》びる習慣があります。この「近親者」に含まれる家族の範囲《はんい》は一般《いっぱん》には2親等までといわれていますが、2親等とはどの親族を指しますか。以下の家系図において、「聖二」からみて2親等にあたる人の続《つづ》き柄《がら》を、次のア~ケの中から3つ選び、記号で答えなさい。

ア　妻　イ　祖母　ウ　曾祖父《そうそふ》

エ　おば　オ　兄　カ　娘《むすめ》

キ　孫　ク　めい　ケ　いとこ

〈聖光学院2017 第1回〉

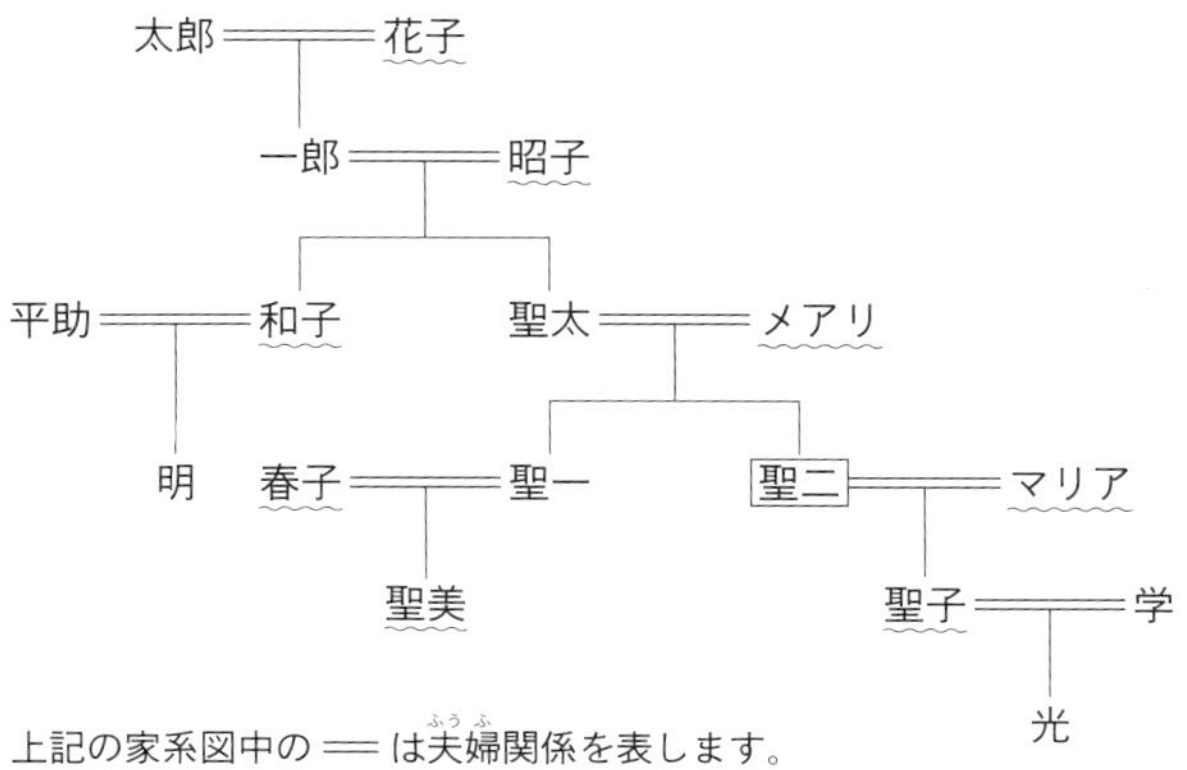

上記の家系図中の ══ は夫婦《ふうふ》関係を表します。
また、〜〜は女性を表します。

わざわざ家系図を用意しなくても、2親等を選ぶのは簡単だと思われた読者の方もいらっしゃるでしょう。しかし、これは中学入試の問題。この程度の常識を身につけてほしいという思いがある一方で、仮に知っていなかったとしても考えて答えを導けるようなヒントとして家系図を用意してくれているのでしょう。

1親等は自分と前後1世代の親族関係にある父母や子になります。2親等は、1親等の前後1世代と自分の兄弟が該当します。つまり、兄弟姉妹は2親等になるのです。関係が近いので、1親等ではないかと思った小学生もいたことでしょう。正解は「イ・オ・キ」です。カは1親等、ウ、エ、クは3親等、ケは4親等です。なお民法において配偶者の親等の定めはありません。

なぜ「賛成」ではなく「容認」なのか

では、ここから2問連続で似たような問題を紹介します。

> 通常、「反対」の対義語は「賛成」であるにもかかわらず、沖縄での辺野古《へのこ》新基地建設について議論する際には、選挙などで、「反対」派と「容認《ようにん》」派と表現されることがあります。なぜ「賛成」派ではなく「容認」派と表現するのか、その理由を自分なりに考えて20字以上40字以内で説明しなさい。ただし、句読点も字数に含《ふく》めます。
>
> 〈聖光学院2023 第1回〉

通常、「賛成」の対義語は「反対」であるにもかかわらず、選択的夫婦別姓《せんたくてきふうふべっせい》制度導入について議論する際には、選挙などで、「賛成」派と「慎重《しんちょう》」派と表現されることがあります。なぜ「反対」派ではなく「慎重」派と表現するのか、その理由を自分なりに考えて20字以上40字以内で説明しなさい。ただし、句読点も字数に含めます。

〈聖光学院2023　第2回〉

問題を見て、「たしかに言われてみればそうだ」と思った受験生がいたことでしょう。一般的には賛成か反対かを問うところに、容認や慎重という選択肢が出てくる理由は、大人であれば何となくわかりそうですが、これを短い文章で説明する必要があります。

まず、沖縄県名護市での辺野古新基地建設について。普天間基地は住宅地や大学の近くにあり、騒音や振動だけではなく、安全面での課題を指摘され続けていました。２００４年には近隣の沖縄国際大学に米軍のヘリコプターが墜落する事故も起こっています。普天間基地を名護市辺野古に移す案が進められており、２００６年には日米両政府で辺野古沖にV字型の滑走路を設置することで合意した一方、沖縄県は容認できない姿勢を示すなど、対立は深まりました。

２０１８年に初当選した玉城デニー沖縄県知事は辺野古新基地建設反対派であり、国が地盤の改良工事を申請したものの、沖縄県は不承認としました。そこで国は県に代わって承認する代執行を行い、工事を進めました。この問題は裁判で争われ、２０２４年に最高裁判所は沖縄県の上告を退け、沖縄県の敗訴が確定しています。


では、辺野古新基地建設の「賛成派」と表現しないのはなぜでしょうか。それは「望ましいというわけではないが、やむを得ない」と考えている人が一定数いるからでしょう。容認派の人は、日本全体の防衛のためにアメリカ軍が沖縄に駐留することまで否定することはないが、新基地ができることを歓迎しているわけではないのです。「世界一危険な基地」とも言われる普天間に基地が残され続けることを避けるための苦渋の選択が読み取れます。

正解は「新基地建設を歓迎してはいないが、普天間の危険性除去のためやむを得ないと考えたから。」といった内容になるでしょう。あるいは「新基地建設に消極的な賛成派だが、賛成しているとは表明しにくい雰囲気だから。」といった内容でも点を与えられると思います。

続いて選択的夫婦別姓制度について。夫婦が望む場合には、結婚後も夫婦がそれぞれ結婚前の氏《うじ》（姓）を称することを認める制度であり、意見が割れています。２０２１年に実施された世論調査の結果では「夫婦同姓制度を維持した方がよい」27・０％、「夫婦同姓を維持した上で、旧姓の通称使用の法制度を設けた方がよい」42・２％、「選択的夫婦別姓制度を導入した方がよい」28・９％となりました。女性の社会進出に伴い、夫婦同姓によるデメリットも感じられるようになった一方で、伝統的な家族観が変わることへの懸念の声も根強くあります。

そんな中、なぜ反対派と表現しないのか。正解は「夫婦同姓によるデメリットを感じる人が一定数いることに配慮しているから。」「完全に反対とまでは言えず、制度を変えない中での通称利用を支持する考えの人もいるから。」といった内容になるでしょう。あるいは、本音では反対だが、女性の社会進出が当たり前になっている中で、伝統的な価値観に固執し女性を差別的に見ていると思われたくないという考えもありそうです。「夫婦同姓の維持に賛同しているが、社会の変化に伴い、夫婦別姓反対と言いにくいから。」といった内容でも点を与えられると思います。なお、法務省としては、選択的夫婦別氏《うじ》制度と呼んでいます。

合格のチャンスは一度きりではない

同じような問題が同じ年に出題されましたが、実はこの2問、同じ日に行われた入試問題ではありません。少し、中学受験について説明します。大多数の学校は、入試は一度きりではありません。たとえば、聖光学院中では2月2日と2月4日の2回試験が行われ、どちらかに合格すれば入学資格を得られます。一般に首都圏の中学入試は2月1日から数日間行われます。開成中、麻布中、武蔵中、駒場東邦中などは2月1日のみの受験となっており、男子最難関とされる国立の筑波大附属駒場中は2月3日のみ。早稲田中や海城中は2月1日と2月3日、芝中は2月1日と2月4日の2回入試です。受験校を組み合わせて、合格した学校の中から進学先を決めるのです。

聖光学院中の第1回、2月2日の受験はそこが本命の生徒か、開成中などを本命にしていて聖光学院中を第2志望などで受ける生徒が集まります。では、第2回、2月4日の受験はというと、ここまで開成中などの超難関校に縁がなく、何とかここで合格を取りたいという背水の陣で挑む受験生と、どこか別の学校で合格を得た上で、さらに難関の聖光学院中に挑もうという生徒が集まる試験となります。一般に、受験期後半になればなるほど倍率は高まり、狭き門の切符をめぐる戦いとなるのです。中には10倍を超える過酷な入試もあります。首都圏のほぼすべての学校は2月5日までに試験を終えますので、前半に合格が一つもない状況はできるだけ避けるように受験校の組み合わせを考える必要があるのです。

今回の2問、辺野古新基地建設は第1回の2月2日、選択的夫婦別姓は第2回の2月4日に出題されました。第1回入試に不合格だった生徒が第2回に再挑戦した場合、同じ年に類題が出たことになります。

二度出題された「エンゲル係数」問題

似たような問題が繰り返し出題されることもあります。最後に過去問対策が有効な例を紹介します。

生活水準を示す指標の1つに「エンゲル係数」というものがあります。この指標は、「自由に使えるお金のうち［　Ａ　］に使われている割合」のことで、この値が高ければ高いほど生活が苦しいと、一般的《いっぱんてき》には考えられています。なお2016年、わが国の2人以上の世帯におけるこの値は25・8％で、これは1987年以来の高水準となっています。この［　Ａ　］に入る語句を漢字で答えなさい。

〈聖光学院2018　第1回〉

エンゲル係数を知っている小学生はごくわずかでしょう。となると、前後から類推して答えを出す必要があります。エンゲル係数が高いと生活が苦しい、つまり［Ａ］以外に回すお金の余裕がないということになります。絶対にお金を使うものと言えば何になるかと考えていくと答えにたどりつくことができます。正解は「食料費（食費）」です。

では、次の問題です。

２０２３年10月に発表された「生活の豊かさを示す指標」の１つが、過去43年間で最も高い29％に達しました。この指標は家計の消費支出に占《し》める食料費の割合を示したもので、その割合が小さいと、生活が豊かになっていると解釈《かいしゃく》します。この指標のことを「○○○○係数」といいます。○○○○にあてはまる言葉を、カタカナ４字で答えなさい。

〈聖光学院２０２４　第１回〉

過去問をやっていた生徒は驚いたことでしょう。正解はもちろん「エンゲル」。この問題から2つの意図を感じました。まず、「過去問に向き合ってほしい」という姿勢です。中学入試問題には「個性」があります。画一的な、あるいは一般的な問題で構成される学校もあります。入試問題作成を業者に委託する学校もありますし、中にはごく稀だと思いますが塾講師に委託するケースもあるそうです。SNSで自分の作成した問題があまり採用されなかったことに不満を抱いているのを匂わせる投稿をした塾講師がいたことが、関係者の間で物議を醸したこともありました。そういう業界の闇に触れるのはこれくらいにして、超難関中学とされる学校は、教員がプライドを持って独自の問題を作成しています。

したがって、学校の「アドミッションポリシー」（入学者受け入れ方針。本来は大学入試等で使われる）が色濃く出ることがあるのです。

過去問を通じて、その学校が求めている素養の分野を知り、その学校に受け入れられるようにしていくことが合格への近道です。ある女子難関校で、過去に類題が出ていることについて、なぜこの問題が再度出されたのかと出題した教員に質問したことがあるのですが、「たまたま、一緒になってしまいました」という回答を得たことがあります。同じ問題意識で作問しているので、自ずと類似したテーマを出題することになったのでしょう。

聖光学院の意図の2つ目は、「困っている人、苦しんでいる人に目を向けてほしい」というものです。エンゲル係数が高いということは、生活が豊かではないということです。聖光学院中を受験する生徒は、生活が苦しい、家計が大変だと感じることはそうそうないでしょうが、それは現実の社会一般とは異なる環境にあるということです。今や「一億総中流社会」ではありません。フェアトレード、ストリートチルドレン、そしてこのエンゲル係数には共通した意図を感じます。ただ学力が高い生徒を求めているのではなく、「エリート」と目される可能性のある子に対して、人の上に立つ可能性、組織や社会を率いていく可能性のある人材に対して、社会的弱者に対する眼差しを持ってほしい、君たちには相応の社会的責任が生じるということを伝えたいのではないでしょうか。

さすがにそれでは論理が飛躍しているのではないか、そこまで中学入試では求められていないだろうと感じられるかもしれません。これから紹介していく中学入試問題を通じて、少しずつおもしろさだけではない深さをお伝えできたらと思います。

第3章　筑駒が求める「貢献」

首都圏において男子のトップ校を1つ挙げるとすれば、筑波大学附属駒場中（以下、筑駒）になります。1学年およそ160名のうち、約6割が東京大学に進学という数字は圧倒的です。西の男子校トップが灘とすれば、東の男子校トップは筑駒と言えるでしょう。高校からも入学できますが、枠は約40名とわずか。中学入試で120名を募集しています。他校と比べて定員も少なく、狭き門です。

算数・国語・理科の3教科入試で構成される灘と異なり、筑駒は算数・国語・理科・社会の4教科。すべて均等配点で100点満点。それに調査書も100点を満点として点数化されます。通常の中学受験は調査書では得点に差がつかないと言われていますが、小学校の成績も点数化される国立の学校です。

孤独・孤立の問題の背景

筑駒の社会の入試問題は、とても長い本文、記号選択中心の問題という形式面の特徴もさることながら、筑駒ならではのテーマ性を感じ取ることができます。本書では、2022年度の公民分野の問題を取り上げます。本章の最後に、本文と6つの問題を掲載しますが、まずは近年社会課題となっている、「孤独・孤立」に関する問題を見ていきます。どのような特徴がある入試問題なのでしょうか。

孤独・孤立の背景にある地域社会の変容、家族のあり方や労働環境の変化について、考えられる説明として適切でないものを、つぎのアからオまでの中から二つ選び、その記号を書きなさい。

ア　町内会や自治会など住民組織に加入しない人が増え、地域の人といっしょに活動する機会が減った。

イ　未婚化《みこんか》が進行したため、核家族《かくかぞく》が全世帯の半数を下回るようになった。

ウ　人口の多い世代が高齢化《こうれいか》したために、高齢者の単独世帯（一人暮らし）の数が増加した。

エ　共働き世帯が減少し、家庭の外で働きながら人間関係を築く機会が減った。

オ　長期の雇用を維持《いじ》できない会社が増え、雇用の形が多様化したために、会社や同僚《どうりょう》とのつながりが弱まった。

〈筑波大附属駒場2022〉

2021年、菅義偉《すがよしひで》内閣のもとで孤独・孤立対策担当大臣が置かれるなど、対策が講じられました。これは、新型コロナウイルス感染拡大の影響が長期化する中、孤独・孤立の問題が深刻になっていたからです。そして、翌年の筑駒中でこの問題が出題されました。

正解は、「イ・エ」。まず、イから見ていきましょう。核家族は一人暮らしのことではありません。もちろん、核兵器を所持している家族でもありません。親と未婚の子どもの家庭や、夫婦のみの家庭、ひとり親と子どもからなる世帯を指します。祖父母も含めた3世代以上が同居する家族と対になる言葉として使われています。２０２０年の国勢調査では、一般世帯のうち単独世帯の割合が増加して約38％、核家族の割合が減少して約54％となりました。それでもまだ半数以上はありますからイは正しくありません。

次にエです。共働き世帯が減少するということは考えられませんね。女性の社会進出に伴って、共働き世帯は増加しています。１９９０年に８００万世帯、２００７年に１０００万世帯、２０１８年には１２００万世帯に達し、増加傾向が続いています。アの「町内会や自治会」に関する問題は麻布中学でも出題されています。地域のつながりが薄れていることへの問題意識を学校の先生も持っているのでしょう。

では、次の問題です。

社会問題としての孤独・孤立に関連してのべた文として正しいものを、つぎのアからカまでの中から二つ選び、その記号を書きなさい。

ア　日本では、厚生労働省《こうせいろうどうしょう》が主導して省庁の壁《かべ》を越えた対策が進められようとしている。

イ　イギリスは、孤独・孤立問題を専門にする支援団体を国が新たに立ち上げていくことで対策を充実させている。

ウ　子ども支援や貧困《ひんこん》対策など、様々な分野で活動している民間団体と政府・自治体との連携《れんけい》が求められている。

エ　孤独・孤立は心理的な問題であるため、貧困対策などの政策とは切り離《はな》して考えていく必要がある。

オ　ヤングケアラーは勉強への取り組みや将来の進路が制限されることが多く、生き方の幅《はば》がせまくなることが問題となっている。

カ　ひきこもりは青少年に固有の問題であり、望ましい人格形成のために、学習だけでなく対人関係の支援が必要とされている。

〈筑波大附属駒場２０２２〉

これはかなり難しいですよね。とうてい2つに絞ることなどできなさそうです。ひとまず、エは正しくなさそうです。「貧困対策などの政策とは切り離して考えていく」が誤りでしょう。

このように、知識の有無ではなく常識的に考えて、あるいは道徳的に考えて明らかにおかしい選択肢を見つけることができます。孤独・孤立を心理的な問題と断じてしまうのは乱暴です。

たとえば、家族の世話を日常的に担う18歳未満の人であるヤングケアラーは、学校にもなかなか行くことができず、友達と遊ぶ余裕もありません。周囲とのつながりが失われやすくなり、それによって起こった孤立は貧困状態と大きく関係しています。心理的な問題に帰していいものではないのです。また、ひきこもりはカのように「青少年に固有の問題」と限定もできません。大人でもひきこもりになっている人はいます。

私は志望校別特訓で筑駒を目指す生徒を毎年指導していますが、一面的であったり断じたりしている選択肢は怪しいと思いながら見ていくよう指導しています。知らなくても、常識で判断できる選択肢はたくさんあるのです。

解答は「ウ・オ」となります。正解できたでしょうか。「さすが男子最難関校、難しかった」と思った方にお詫びしなくてはなりません。実は試験問題の本文にヒントが載っていたのです。本文の一部を抜粋します。

2021年2月、菅首相《すがしゅしょう》（当時）は内閣官房《ないかくかんぼう》に「孤独《こどく》・孤立対策室」を設置し、孤独・孤立対策担当の内閣府特命担当大臣を任命しました。

（中略）

以前から、イギリスでは社会問題に取り組む様々な慈善《じぜん》団体が活動しており、政府はそれらの民間団体への支援《しえん》を充実《じゅうじつ》させることで対策を進めています。

この情報があれば、アとイが正しくないこともわかったのにという声が聞こえてきそうです。ただ、この問題には「本文を参考にして答えなさい」など一切書いていなかったので、どうせ本文を読まなくても解けるだろうと思い設問だけ読んで解こうとした生徒もいたかもしれません。そういう子には超難問になってしまったことでしょう。

私が受験生として中学受験に挑んだのは30年以上前のことですが、本文を読むのは面倒なので設問だけ読んで解いていたような記憶があります。それで正解できるから問題ないと思っていましたが、今では各学校としてはきちんと本文にも向き合う姿勢を持った子に合格してほしいのだと思っています。

学校目標は入試問題にも表れる

では、次の問題です。

本文で説明した社会的包摂の考え方を具体化した政策として最も適切なものを、つぎのアからオまでの中から一つ選び、その記号を書きなさい。

ア　生活が苦しい人に対して、生活保護制度によって生活資金を給付する。
イ　臨時経済対策として、全国民に対して一律に10万円分の商品クーポン券を給付する。
ウ　ホームレスの人を保護し、無償《むしょう》または安価で賃貸《ちんたい》住宅を提供する。
エ　震災《しんさい》避難者《ひなんしゃ》を近隣《きんりん》の自治体で受け入れ、仮設住宅や生活用品を提供する。

オ　障がいのある人がやりがいを感じられる仕事に就《つ》けるよう支援する。
〈筑波大附属駒場２０２２〉

この問題には「本文で説明した社会的包摂」とありますから、後ほど本文も一部取り上げます。ただ、できれば本文を読む前に考えてみてほしいのです。すべて正しい選択肢に思えますが、一つだけ性質が異なるものがあります。

では、社会的包摂について書かれた部分を紹介します。

社会的包摂とは、多様な困難を抱える人たちを、社会のメンバーとして包み込《こ》んで共に生きていくことをめざす理念です。この理念は、社会から取り残されがちな人たちが、単にお金や物資の支援を受けるだけではなく、社会の中に自分の居場所と出番を確保することを求めるものです。

選択肢はすべて困難を抱える人たちを助けるものですが、「単にお金や物資の支援を受ければではなく」とありますから、アからエはすべて本文で説明した社会的包摂にはあてはまりません。「社会の中に自分の居場所と出番を確保」できる「オ」が正解となります。

社会的弱者とされる人たちへの公的支援は、金銭的なものになりやすい面はあるでしょう。そもそも、明日の生活が苦しい中で、現金の支援は重要ですし、政治家は選挙で投票してもらうために、より直接的な金銭やクーポン券による支援を優先しがちです。また、被災した人たちの生活に必要なものを提供し、住む場所を確保することも重要です。ただ、政策というのはそれだけでは不十分だという考えを問題に込めているように見えるのです。

筑駒の学校目標は「自由・闊達の校風のもと、挑戦し、創造し、貢献する生き方をめざす」です。「貢献」とは何か。自らに「挑戦」し、「創造」した結果として実現したものを、社会に役立てることを指していると明言しています。卒業生のほぼ全員が東大をはじめとする難関大学に進学する筑駒生は将来、人の上に立つことも少なくないでしょう。その時に社会的弱者に対する眼差しを持ち、排除せず一人ひとりが参画する社会を目指してほしいと願っているのだと解釈しています。学校目標が入試問題に表れている例ではないでしょうか。

新型コロナの社会的影響

同様の思いをもって作られたと思われる問題が見られます。

日本における新型コロナウイルス感染症の社会的影響についてのべた文として正しくないものを、つぎのアからオまでの中から二つ選び、その記号を書きなさい。
ア　パートやアルバイト、派遣《はけん》など非正規雇用《こよう》の労働者が大きく増えた。
イ　政府の歳出《さいしゅつ》が大きく増えた。
ウ　東京都と他の道府県との人口移動で、東京都の転入数が転出数を上回り続けた。
エ　インターネットを用いた通信販売《はんばい》事業の売上が伸《の》びた。
オ　スマートフォンの位置情報のデータ活用が進み、そのデータの一部が政府に提供された。
〈筑波大附属駒場2022〉

まず、正しい選択肢を見ていきましょう。イの「政府の歳出が大きく増えた」は正しいです。２０２０年度に大幅に増加したのは家計や企業への給付金などです。１人につき10万円が支給された特別定額給付金、中小企業や小規模事業者向けの持続化給付金、雇用調整助成金などがありました。これまで一般会計歳出は１００兆円前後でしたが、２０２０年度は１４７・６兆円と大きく増えました。会計検査院は新型コロナウイルス感染症対策として補正予算と予備費を含む77兆円が計上されたと報告しています。

　次にエの「インターネットを用いた通信販売事業の売上が伸びた」も正しいです。そもそも増加傾向が続く中で、コロナ禍でも売上は伸びました。総務省の家計消費状況調査からも読み取ることができます。

ネットショッピングの支出額及び利用世帯数
（２人以上の世帯）

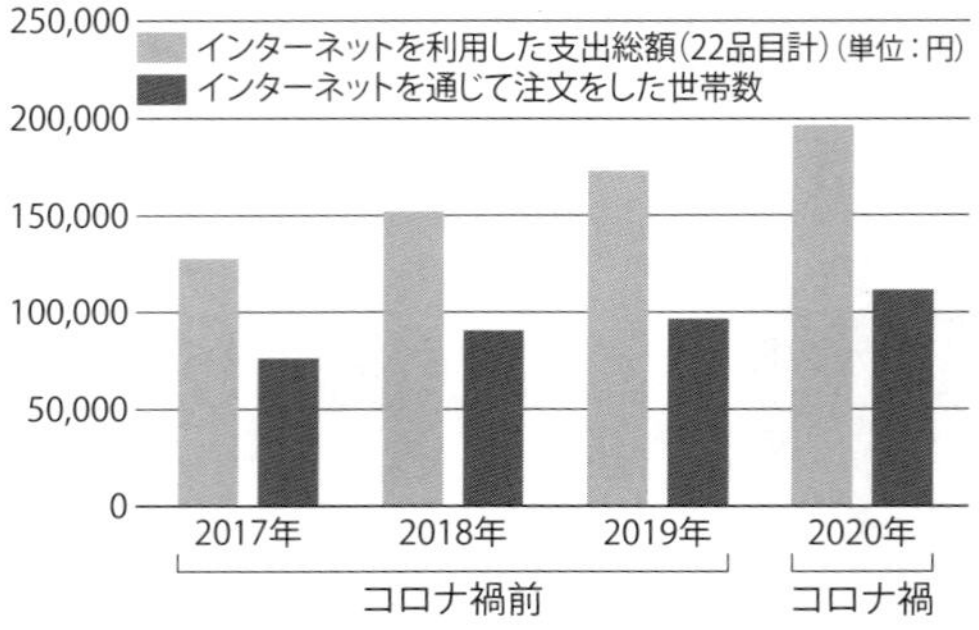

資料：家計消費状況調査（総務省）（２人以上の世帯）

　オも正しいです。新型コロナウイルス接触確認アプリ（ＣＯＣＯＡ）がありました。通知が届かないなどの不具合もあり課題は残りましたが、位置情報のデータ活用が進んだことは事実です。ニュースを見ていた受験生にとっては簡単な問題だったのでしょう。正解は「ア・ウ」。

ただ、過去問として取り組んだ筑駒志望の6年生にどうして正しくないのかを説明してもらうと、うまく説明できない子が多く見られました。中には、「イとエは明らかに正しいから、残りの中からありえないかもしれないものを選んだら正解した」という上手な立ち回りをした生徒も。受験生はわからないなりに何とか正解を導き出そうとします。

アの「非正規雇用の労働者が大きく増えた」は誤りです。ここが筑駒らしい選択肢だと感じます。非正規労働者は雇い止めにあって職を失いやすかったのです。この問題でも、社会的弱者とされる人たちの立場に立って考えることができるかどうかが問われています。自分とは異なる境遇にある人、日常的に接することはないかもしれないけれど、ハンデを背負って生活している人の気持ちに寄り添える人が求められているのです。

筑駒はアドミッション・ポリシーを明示しており、その一つに以下のものがあります。

「異文化や多様な価値観を受け入れ、尊重する姿勢を持つ生徒」

入試問題は、ただ選抜するための機能を持つだけではなく、深い学びにつながります。「詰め込み」「過酷な受験戦争」とみなされることもありますが、首都圏トップの男子校は、知識量や情報処理能力だけでは測れない、人間力のようなものを試しているのです。

さて、最後はウです。ウに記されている「東京都の転入数が転出数を上回り続けた」ですが、一瞬でも転入数が転出数を下回ったら正しくない選択肢となります。常に上回り続けることを証明するのは困難ではないでしょうか。ちょっとでも減少した瞬間があってはいけません。つまり、選択肢を作った先生は転入数が転出数を上回り続けたわけではないと知っているからこそ、この選択肢を作ることができたのです。

本書でここまで伝えてきた、学校の出題意図、社会的弱者と呼ばれる人たちへの眼差しなどお構いなしのテクニックに幻滅された方もいらっしゃるかもしれません。そもそも本質的な理解があればこういうテクニックは要りません。ただ、私も含め、塾講師たちは教育者としての側面もゼロではありませんが、学校の先生とは異なり、合格というゴールに向けて逆算して考えて指導する立場ですので、このあたりはご容赦いただければ幸いです。

では、正面から解説します。リモートワーク（テレワーク）や地方移住への関心が高まったことにより、東京都に住む必要性を感じない人が近隣に引っ越したケースが見られました。２０２０年は東京23区の転出数が転入数よりも多くなったのです。もちろん、学校側としてはこういう社会の動きを知っておいてほしいという意図で出題したものと思われます。なお、東京都全体としては2020年や2021年も転入数が転出数をわずかに上回っており、アフターコロナと呼ばれる2023年には転入超過数は6万人を超え、再び東京への人口集中の動きが強まっています。

本章の冒頭でも触れましたが、筑駒は卒業生の約6割が東京大学に進学し、国立大、医学部、早慶まで含めれば9割が超難関大学に進学する学校です。人の上に立つ可能性、組織や社会を率いていく可能性のある人材に対して、社会的弱者に対する眼差しを持ってほしい、そしてそのような眼差しのもとに社会に貢献してほしいという学校の考えが入試問題に表れていることを感じていただけたでしょうか。トップレベルの学校の入試問題は、単に知識の有無や詰め込みの成果を測る内容になっていません。入試問題を通じて社会に役立つ人材の育成にわずかながらでも寄与しているのかもしれません。

最後に筑駒の2022年の社会の問題のうち、公民分野の問題をすべて掲載します。本書では取り扱わなかった、問題3や問題5も選挙や災害について考えさせる良問です。時間があったらぜひとも挑戦してみてください。

〔２０２２年度・社会（公民分野）入試問題〕

つぎの文を読んで、あとの1から6までの各問いに答えなさい。

２０２１年２月、菅首相《すがしゅしょう》（当時）は内閣官房《ないかくかんぼう》に「孤独《こどく》・孤立対策室」を設置し、孤独・孤立対策担当の内閣府特命担当大臣を任命しました。設置の背景には、「社会全体のつながりが希薄化《きはくか》している中、新型コロナウイルス感染症《かんせんしょう》の社会的影響《えいきょう》が長期におよび、孤独・孤立の問題がいっそう深刻になっている」という認識《にんしき》があります。つながりの希薄化といえば、２０１０年には「無縁《むえん》社会」ということばが報道番組で用いられ、その年の流行語となりました。孤独・孤立の問題は感染症の影響で一時的に生じたのではなく、ずっと以前から静かに進んでいたのかもしれません。実際、特に首都圏《しゅとけん》に住んでいる人の中では、隣《となり》近所に住む人の顔や名前を知らないこともめずらしくないでしょう。地域社会の変容だけでなく、家族のあり方や労働環境《かんきょう》の変化も、現代の孤独・孤立問題につながっています。また、近年では、就職氷河期のあおりを受けた中高年のひきこもりや、ヤングケアラー（家族の世話を日常的に担《にな》う18歳《さい》未満の人）の孤立が広く知られるところとなりました。

このように長期的な背景があることから、孤独・孤立対策室の体制は岸田内閣にも引き継《つ》がれています。

孤独・孤立が社会問題化しているのは日本だけではありません。イギリスでは、2018年に、世界に先駆《さきが》けて「孤独担当大臣」が創設されました。孤独を社会的に解決すべきとする議論を先導したのは、2016年に暴漢の襲撃《しゅうげき》を受けて亡《な》くなったジョー・コックス議員です。彼女は、選挙活動で地域の家々を訪問する中で、孤独・孤立を抱《かか》えている人が多くいることに気づきました。コックス議員の悲劇《ひげき》的な死去のあと、政党の違《ちが》いを超《こ》えて孤独問題への関心が高まり、「孤独は隠《かく》れた流行病《はやりやまい》」という認識が広がっていきました。以前から、イギリスでは社会問題に取り組む様々な慈善《じぜん》団体が活動しており、政府はそれらの民間団体への支援《しえん》を充《じゅう》実《じつ》させることで対策を進めています。個人の感じ方の問題とみなされがちな孤独・孤立を社会問題として位置付けたイギリスの取り組みは、日本をはじめ世界の先進国で注目されました。

孤独・孤立は、なぜ社会全体で解決すべき問題なのでしょうか。イギリスでは、孤独・孤立がもたらす健康への悪影響や経済的な損失の大きさが調査を通して明らかにされてきました。しかし、問題はそうした数値で測れる側面だけではありません。ヨーロッパ諸国では、社会とのつながりを失ってしまった人々の社会的包摂《ほうせつ》（ソーシャル・インクルージョン）が課題とされてきました。社会的包摂とは、多様な困難を抱える人たちを、社会のメンバーとして包み込《こ》んで共に生きていくことをめざす理念です。この理念は、社会から取り残されがちな人たちが、単にお金や物資の支援を受けるだけではなく、社会の中に自分の居場所と出番を確保することを求めるものです。日本でも、この10年ほどの間、社会的包摂と関わる政策方針が検討されています。また、日本では、数々の被災《ひさい》の経験から、地域社会における人と人とのつながりの意義が見直されてきました。ふだんから住民間のつながりがある地域では、人々がお互いを信頼《しんらい》して助け合うことができ、災害への備えや対応を効果的に行うことができると考えられています。

社会問題としての孤独・孤立に対して、政府はどのような取り組みができるでしょうか。まずは、政府が手をさしのべるべき、本人が望まない孤独・孤立をどのように把握《はあく》していくかが課題となります。明確に定義を決めて支援対象を選別するほど、支援から漏《も》れる人たちも多く出てしまうため、実態の把握をもとによく検討していく必要があります。日本政府はさしあたり、孤独・孤立の実態を全国で調査するとともに、関連する活動を行う民間団体に財政的な支援を行う方針です。たとえば、子ども食堂やフードバンクのような民間の活動は、物資の支援だけでなく、孤独・孤立に悩《なや》む人を支援者とつなぐ意味ももっているのです。もちろん、民間団体を頼《たよ》ってばかりではなく、孤独・孤立と結びつきやすい生活難の状《じょう》況《きょう》を解消するために、政府が経済的支援を進めることが対策の基盤《きばん》となってきます。

いくつかの調査によると、日本人は「人に迷惑《めいわく》をかけてはいけない」「助けを求めると迷惑なのではないか」と感じる傾向《けいこう》が強いようです。いま孤独・孤立が社会問題としてとらえ直されるようになったことは、個人の「自助」を強調する傾向に一石を投じる変化といえるのかもしれません。新たな社会問題にどのような取り組みをしていくべきか、これからの動向に注目しながら考えていきましょう。

1　日本における新型コロナウイルス感染症の社会的影響についてのべた文として正しくないものを、つぎのアからオまでの中から二つ選び、その記号を書きなさい。

ア　パートやアルバイト、派遣《はけん》など非正規雇用《こよう》の労働者が大きく増えた。
イ　政府の歳出《さいしゅつ》が大きく増えた。
ウ　東京都と他の道府県との人口移動で、東京都の転入数が転出数を上回り続けた。
エ　インターネットを用いた通信販売《はんばい》事業の売上が伸《の》びた。
オ　スマートフォンの位置情報のデータ活用が進み、そのデータの一部が政府に提供された。

2　孤独・孤立の背景にある地域社会の変容、家族のあり方や労働環境の変化について、考えられる説明として適切でないものを、つぎのアからオまでの中から二つ選び、その記号を書きなさい。
ア　町内会や自治会など住民組織に加入しない人が増え、地域の人といっしょに活動する機会が減った。
イ　未婚化《みこんか》が進行したため、核家族《かくかぞく》が全世帯の半数を下回るようになった。
ウ　人口の多い世代が高齢化《こうれいか》したために、高齢者の単独世帯（一人暮らし）の数が増加した。

エ　共働き世帯が減少し、家庭の外で働きながら人間関係を築く機会が減った。

オ　長期の雇用を維持《いじ》できない会社が増え、雇用の形が多様化したために、会社や同僚《どうりょう》とのつながりが弱まった。

３　日本の選挙のしくみや選挙活動についてのべた文として正しいものを、つぎのアからオまでの中から二つ選び、その記号を書きなさい。

ア　選挙で投票する権利は原則として満18歳以上の国民にあるが、学生である高校生はその対象ではない。

イ　選挙当日に用事がある人が事前に投票できる制度や、仕事での滞在先《たいざいさき》や入院先などからでも投票できる制度がある。

ウ　候補者《こうほしゃ》や政党は、テレビなどでの政見放送を通して、意見や考えを有権者にうったえることができる。

エ　選挙期間中に候補者が家々を訪問することが主な選挙活動となっている。

オ　駅前などで行われる街頭演説では、候補者本人以外の人が演説することは認められていない。

4　本文で説明した社会的包摂の考え方を具体化した政策とした最も適切なものを、つぎのアからオまでの中から一つ選び、その記号を書きなさい。

ア　生活が苦しい人に対して、生活保護制度によって生活資金を給付する。

イ　臨時経済政策として、全国民に対して一律に10万円分の商品クーポン券を給付する。

ウ　ホームレスの人を保護し、無償《むしょう》または安価で賃貸《ちんたい》住宅を提供する。

エ　震災避難者《しんさいひなんしゃ》を近隣《きんりん》の自治体で受け入れ、仮設住宅や生活用品を提供する。

オ　障がいのある人がやりがいを感じられる仕事に就《つ》けるよう支援する。

5　災害への備えや対応に関連してのべた文として正しいものを、つぎのアからオまでの中からすべて選び、その記号を書きなさい。

ア　豪雨《ごうう》災害の際、行政が防災情報を発信するものの、住民の避難行動につながりにくいことが課題となっている。

イ　災害救助法にもとづき、被災地の周辺自治体の長は、災害ボランティアを組織して派遣しなくてはならない。
ウ　被災した地域に自衛隊が出動し、逃《に》げ遅《おく》れた人の救助や避難所での支援などの活動を行うことがある。
エ　東日本大震災の復興をすみやかに進めるため、東日本大震災復興基本法にもとづいて復興庁が設立された。
オ　東日本大震災の復興のための財源を確保することを目的として、２度にわたって消費税率が引き上げられた。

６　社会問題としての孤独・孤立に関連してのべた文として正しいものを、つぎのアからカまでの中から二つ選び、その記号を書きなさい。
ア　日本では、厚生労働省《こうせいろうどうしょう》が主導して省庁の壁《かべ》を越えた対策が進められようとしている。
イ　イギリスは、孤独・孤立問題を専門にする支援団体を国が新たに立ち上げていくことで対策を充実させている。

ウ　子ども支援や貧困《ひんこん》対策など、様々な分野で活動している民間団体と政府・自治体との連携《れんけい》が求められている。

エ　孤独・孤立は心理的な問題であるため、貧困対策などの政策とは切り離《はな》して考えていく必要がある。

オ　ヤングケアラーは勉強への取り組みや将来の進路が制限されることが多く、生き方の幅《はば》がせまくなることが問題となっている。

カ　ひきこもりは青少年に固有の問題であり、望ましい人格形成のために、学習だけでなく対人関係の支援が必要とされている。

3の答え：イ・ウ

5の答え：ア・ウ・エ

第4章　関西難関中の「おもしろすぎる」入試問題

〈西大和学園・東大寺学園・洛南〉

関東と関西の中学入試は大きく異なる点があります。それは、関西のトップ校である灘では社会の入試がないということです。算数・国語・理科の3教科入試となっています。奈良県の東大寺学園中や西大和学園中、京都府の洛南中、洛星中、大阪府の大阪星光学院中など難関校の多くでは4教科でも、あるいは社会を除いた3教科でも受験ができるようになっています。

さて、関東と比べて存在感の薄い関西の社会科の入試問題ですが、もう一つの特徴として記述問題が少なく、知識の割合が関東よりも高い点が挙げられます。まずは西大和学園中の問題です。西大和学園はのちに自民党総務会長となる田野瀬良太郎理事長によって1986年に開校されました。2024年は東大71名、京大29名と計100名の合格者を出すなど、他の難関校と比べて比較的歴史が浅い中で抜群の実績をあげています。では、クイズのように楽しみながら解いていただきたい問題を紹介します。

妊婦さんに配布されるバッジは？

京都市では、母子手帳とともに次のバッジを妊婦《にんぷ》に配布しています。このバッジにかかれているマークは、お腹の大きさが目立たない妊娠《しん》初期の人でも安心して外出できる環《かん》境《きょう》をつくることを目的に、厚生労働省が作成したものです。このマークのことを何というか、答えなさい。

〈西大和学園２０２３〉

なるほど、これも入試で問われるのかと思った問題です。正解は「マタニティマーク」。大人であれば一度はこのバッジを目にした方も多いでしょうし、知っていた方も少なくないでしょう。塾の授業では習わないけれど、世の中のさまざまな情報に触れていれば答えられる良問です。

ポケモン？　マリオ？

東京などの大都市は、市場の流行といった最新の情報や高い技術を持つクリエイターが集まりやすいことなどを背景に、ゲームやアニメなどを製作・販売する産業が発達しやすい環境となっています。このような産業は、海外からも高く評価され、国際的にも競争力のある産業として注目されています。このような産業を何というか、解答らんに合うようにカタカナ5字で答えなさい。

〈西大和学園2023〉

解答らんは「　　　　産業」という形式でした。日本発のゲームやアニメは世界中で親しまれています。ポケットモンスター（以下、ポケモン）はアニメとして見られているだけでなく、カードゲームや「ポケモンGO」などは世界大会まで行われる白熱ぶりです。

2024年にはハワイのホノルルで世界大会が行われ、ゲーム部門のうち2008年〜11年生まれのカテゴリでは神奈川県の聖光学院中の生徒が優勝するなど、日本人選手が活躍しています。ちょうどその時期に現地に行ったのですが、その盛り上がりは相当なものでした。ワイキキのレストランではポケモン世界大会の出場者や見学者がポケモンの話題で盛り上がっている様子を目にしましたし、ヒルトンホテルでは大規模なポケモンのイベントが数日にわたって行われ、夜にはドローンショーも。世界中からファンが詰めかけていました。経済効果も相当なものだったのでしょう。会場に入るのは抽選制ですが、当選しても人数制限ですぐには入場できない状況でした。また、会場で売られているグッズを買った人が、会場に入ることができなかった人向けにそれを売る即売会が行われていました。すぐに転売する行為の是非はさておいて、その熱気は社会現象とも言えそうです。貴重なカードには数万円以上の値がついており、資産として収集する人もいます。

他にも、ゲーム「マリオブラザーズ」、漫画「ONE PIECE」など世界中で親しまれているコンテンツは枚挙にいとまがありません。正解は「コンテンツ産業」です。

「人造バター」

図は、バターの代用品としてフランスで発明され、1887年に初めて日本に輸入された食品の広告です。この食品は、1908年には国内生産が始まりましたが、当時は生産量が少なく、普及するようになったのは太平洋戦争以降になりました。この食品は何か、カタカナで答えなさい。〈西大和学園2022〉

図　当時の広告

なかなか買い物に行くことのない中学受験生には少し難しく感じたかもしれません。「バターの代用品」、広告にある「人造バター」から答える必要があります。簡単だ、給食では四角の食パン2枚とともに出されていたじゃないかと懐かしむ人もいることでしょう。

正解は「マーガリン」。実は、このマーガリンが登場したのは、普仏戦争に関係があります。プロイセンとフランスの対立が深まる中、フランスでは物資不足になりバターも不足していました。そこで1869年、皇帝ナポレオン3世がバターに代わる素材を募集したところ、牛脂と牛乳を混ぜ、冷やして固めたものが考案され、広まっていったのです。

その後、1870年~71年に起こった普仏戦争はプロイセンの勝利に終わります。ナポレオン3世は戦争中に降伏して捕虜となり、これに怒ったフランス国民がナポレオン3世の廃位を宣言し、第二帝政は崩壊します。

そんな歴史に関係のあるマーガリン、なぜ太平洋戦争後に日本で普及したのでしょうか。これは、高度経済成長期に食生活の洋風化が進んだこと、バターより安価であったことが理由と考えられています。一方、最近ではマーガリンに対する懸念も聞かれます。マーガリンにはトランス脂肪酸が含まれることもあり、最近では消費量が減少傾向にありますし、アメリカでは2018年にトランス脂肪酸の食品への添加が原則禁止となりました。

このお肉はどこから？

食品をはじめ、電子部品や医薬品など幅《はば》広い分野で用いられており、その製品がいつ、どこで、だれによって作られたのかを明らかにし、原材料の調達から生産、そして消費または廃棄《はいき》まで追跡《せき》可能な状態にするシステムを何というか、カタカナで答えなさい。

〈西大和学園２０２３〉

これは中学受験生にとって常識問題です。一問一答形式の問題集で取り組んだ生徒も多いでしょう。一方、大人はすぐに答えが出てこないかもしれません。正解は「トレーサビリティ」。

外食したときに、「当店のお米は国産米です」と書いてあるのを目にした記憶があるでしょうか。国産米って当たり前でしょ、なんでわざわざ表示しているのかなと思った方もいると思います。理由は米トレーサビリティ法で義務付けられているからです。もちろんメニューに都道府県名を表示してもよいのですが、少なくとも国産米であることを表示し、もし外国産の場合にはその国名を記載する必要があるのです。あるいは「産地情報は店員におたずねください」といった掲示をして産地を知ることができる方法を伝える必要があります。

ほかにも、牛や牛肉に関するトレーサビリティの法律があります。2003年にBSE（牛海綿状脳症）問題が広がり、牛肉が不安視されたことをご存じでしょうか。そのときに、牛を個体識別番号により一元管理し、消費者にも情報提供を義務づける法律ができたのです。焼肉やステーキを食べに行くと、10けたほどの番号が掲示されているのを目にした方もいらっしゃるでしょう。あれも法律に則った対応なのです。「焼肉」「しゃぶしゃぶ」「すき焼き」「ステーキ」を提供する場合には個体識別番号を表示しなければなりません。

なお、番号をインターネットで調べると、どこで生まれ、どこで育ち、どこでお肉になっていったかがすぐにわかるのですが、せっかくの豪華な食事のときに調べると、「出生2021.12.16 秋田県○○市」から転出、搬入の履歴が載り、最後は「と畜 2024.09.26 大阪府○○市」のようなデータを目にすることになります。かわいそうな、申し訳ないような気分になってしまうので注意が必要です。

「食」を通じた社会支援

まだ食べられるのに、さまざまな理由で処分されてしまう食品を、食べ物を必要としている人や施設《しせつ》に寄付する活動や団体を何というか、カタカナで答えなさい。
〈西大和学園２０２３〉

食品ロスという単語は広く知られていますが、今回の問題だと思いつかないかもしれません。正解は「フードバンク」。食べ物の銀行という意味の言葉です。規格外の商品、賞味期限が近い商品をＮＰＯ法人などが食品メーカーから引き取り、福祉施設などに無償で提供する活動です。国も規模や取り組みによって支援をしたり、税制面で優遇したりしています。

困っている人に向けての取り組みということではホームレス支援がまず思いつきますが、それだけではありません。子どもの貧困にも対応しています。無料または安価で食事を提供する子ども食堂と連携することで、貧困家庭の子どもの支援、あるいは家族が不在の中、一人での食事、つまり孤食をする子どもへの支援につながるのです。

　渋谷教育学園渋谷中では子ども食堂に関するデータを使った問題が出されたことがあり、開成中では国語で子ども食堂を運営している家庭の物語文が出題されたことがあります。中学受験生は相対的に裕福な家庭に育っていることが多いので、実際には経験することのない状況でしょう。

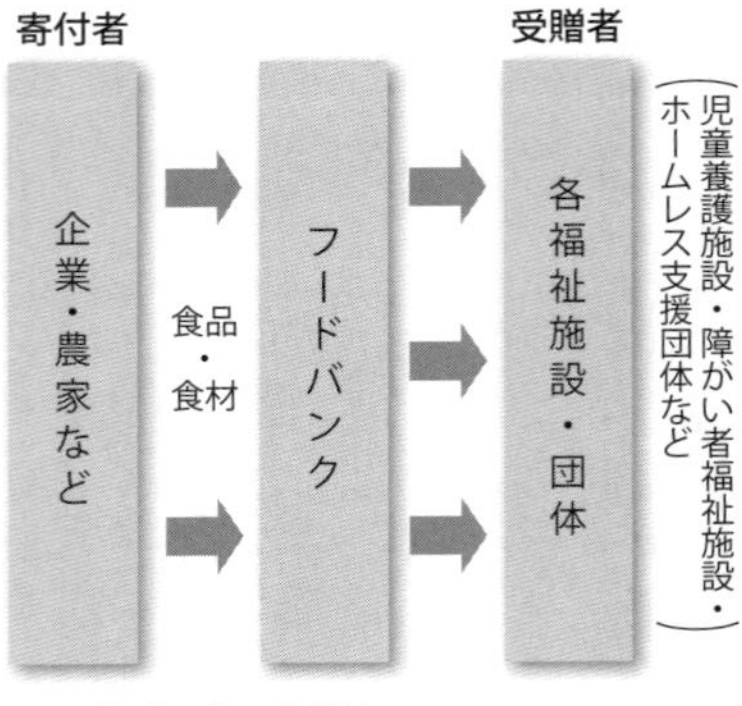

フードバンクの仕組み

「完全養殖」に成功した魚

和歌山県の最南端《たん》に位置する串本《くしもと》町では、漁業がさかんです。串本町には近畿大学水産研究所の実験場があり、世界で初めてある魚の完全養殖《しょく》に成功しました。この魚の名前を答えなさい。

〈西大和学園２０２３〉

　これは難関校を受験する中学受験生であれば、ほぼ全員が正解できる基本問題です。読者の皆さんの中には、「近畿大学」というところから気づいた方もいらっしゃるかもしれません。正解は「マグロ」。２００２年、近畿大学は世界で初めてクロマグロの完全養殖に成功しました。

「完全」という言葉がつく理由はご存じでしょうか。一般的なマグロの養殖は稚魚を天然から捕獲して養殖することを指しますが、クロマグロの完全養殖の場合はいけすの中で育った魚から卵を採り、人工孵化《ふか》させそのまま養殖し続けています。これにより天然資源によらずに育てることができるので生産量が安定しますし、SDGsという時代のニーズにも合った生産方法が確立されたのです。

　ただ、一昔前と比べて、「近大マグロ」を目にしたり耳にしたりする機会が減ったとも感じないでしょうか。天然クロマグロの稚魚が安定的に捕獲できるようになってきたことや、完全養殖魚は生存率が高くないことなどから、どうしても養殖業者としては天然クロマグロの稚魚を育てたくなります。そうして、「近大マグロ」は勢いを失っているのです。

「ハラルマーク」

ここまで西大和学園中の入試問題を取り上げてきました。ここで、一問、東大寺学園中の問題を挟みます。東大寺学園の歴史は古く、世界遺産に登録されている東大寺の境内に1926年につくられた学校が始まりで、1986年に奈良市北部の高の原駅（近鉄京都線）近くに移転して現在にいたっています。

仏教系の学校と聞くと厳しいイメージがあるかもしれませんが、制服もなく自由な雰囲気。2024年は東大35名、京大71名と合わせて100名超の合格者を出している男子校です。

次の文中の（　）にあてはまる宗教の名称《めいしょう》を書きなさい。

下のマークは、ハラル認証マークとよばれています。ハラルとは、（　　）の教えにおいて「許されている」という意味の言葉です。このマークがついた食品などには、（　　）で食べることが禁止されている豚《ぶた》肉の成分が一切ふくまれていません。

〈東大寺学園２０２３〉

犬や豚、アルコール飲料を含む食品や飲料はハラル（ハラール）ではなく、不浄なものという意味のナジスとされています。豚肉が不可というところから気づいた方も多いでしょう。正解は「イスラム教」。

イスラム教に関連する問題はよく目にするようになりました。世界ではキリスト教に次ぐ信者数で、年々増え続け、キリスト教徒の増加率を上回っています。いずれはキリスト教を抜き、世界一の信者数になると予想されています。

日本ではなじみが薄いと思われていますが、そうでもありません。観光客の中にはイスラム教徒と思われる人を目にします。肌を覆い隠す黒色のコートであるアバヤを身に着けている女性はおそらくイスラム教徒でしょう。また、埼玉県南部にはクルド人が多く住んでおり、学校にもクルド人の子どもが増えています。暴動が起きるなど地域住民との軋轢《あつれき》も生じており、治安の悪化が懸念されています。観光ビザで来日し、難民認定申請をすることで当面日本での居住が認められる運用を利用して住み続ける人が後を絶たないのです。

そのような課題があるものの、ひとまず中学受験生に対しては差別的な言動であったり排斥運動につながったりすることなく、まず相手の文化を知ることが大切であると説いています。イスラム教、ハラル、豚肉が禁止されていることは中学受験に何度も登場しています。

イスラム教の聖典は?

オリンピック憲章の一部(抜粋)

6. このオリンピック憲章の定める権利および自由は人種、肌《はだ》の色、性別、性的指向、言語、宗教、政治的またはその他の意見、国あるいは社会的な出身、財産、出自やその他の身分などの理由による、いかなる種類の差別も受けることなく、確実に享受《きょうじゅ》されなければならない。

傍線部に関連して、イスラム教の聖典《せいてん》をカタカナで答えなさい。

〈西大和学園2022〉

もう一つ、西大和学園中の問題です。より細かい知識を求める問題が出題されるようになったという印象を持っています。正解は「コーラン（クルアーン）」。イスラム教を始めたムハンマドが、唯一の神であるアッラーから伝え聞いた内容をまとめた聖典です。

アッラーの教えにしたがって生きているイスラム教徒は、ムスリムと呼ばれ、1日5回の礼拝、断食月（ラマダン）や聖地メッカへの巡礼などの基本行為を行うことが義務付けられています。世界でも日本の中でもイスラム教の存在感が増していることを考えると、ここで紹介したような今まで中学受験には出てこなかったカタカナの単語が今後出題されるかもしれません。

北陸新幹線関連の問題

話題を変えて続いてのテーマは交通です。特に鉄道好きな生徒はとことん詳しく、大人顔負けのマニアもいます。路線図が頭に入っているのか、北陸新幹線の問題が出ると、高崎駅で上越新幹線と分岐することや2024年に福井県の敦賀駅まで延伸されたことなど熱く語る生徒もいます。しかし、不思議と「撮り鉄」はあまりいないようです。私も小学生のときにそうだったのですが、時刻表に詳しい生徒の方が多いようです。

まず、京都府最難関の共学校、洛南中の入試問題です。

糸魚川市には北陸新幹線の駅があります。下の図1は糸魚川駅・金沢駅・長岡駅《ながおか》（新潟県）・長野駅の位置を示した路線図で、図2は北陸新幹線の路線図です。また、下の表は糸魚川駅から各駅への最短の所要時間（2022年）を示したもので、A～Cは金沢駅・長岡駅・長野駅のいずれかです。糸魚川駅から各駅への鉄道による最短の所要時間の組み合わせとして正しいものを、あとのア～カから

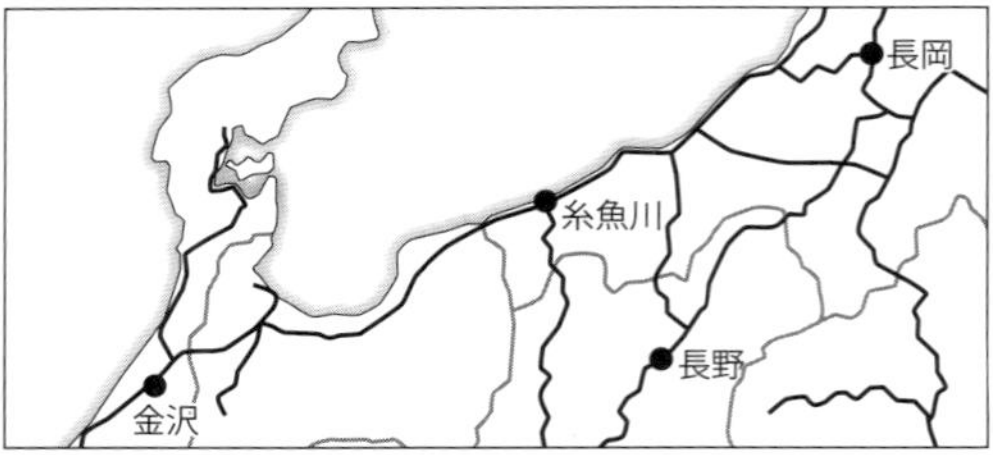

図1　（「地理院地図」より作成）

	最短の所要時間
A	32分
B	50分
C	1時間26分

（『JR時刻表』より作成）

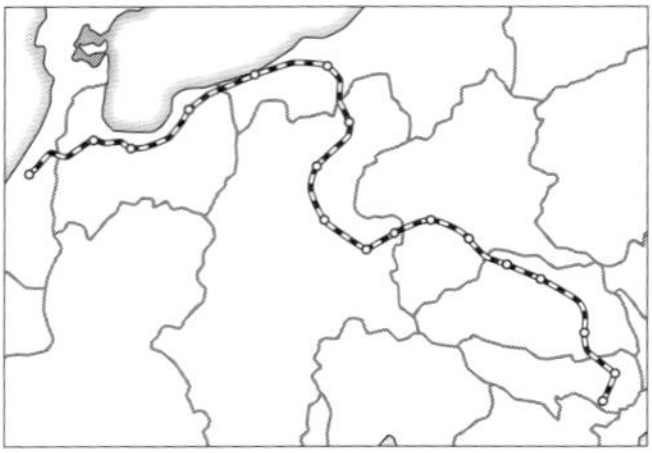

図2　（JR東日本HPより作成）

1つ選んで、記号で答えなさい。

	ア	イ	ウ	エ	オ	カ
A	金沢駅	金沢駅	長岡駅	長岡駅	長野駅	長野駅
B	長岡駅	長野駅	金沢駅	長野駅	金沢駅	長岡駅
C	長野駅	長岡駅	長野駅	金沢駅	長岡駅	金沢駅

〈洛南２０２３〉

鉄道に詳しいわけではないからこんな問題は解けないと思われた方、あきらめるのは早すぎます。この問題は知識不要の資料読み取り問題です。まず新幹線の路線図と地図にある糸魚川に注目してみましょう。長野駅や金沢駅には北陸新幹線で行くことができますが、長岡駅に行く場合には新幹線は使えなさそうです。となると、移動にもっとも時間がかかるCは長岡駅と予測できます。残りの長野駅、金沢駅はどちらも北陸新幹線で行くことができますから、距離で比較します。近い長野が32分、遠い金沢が50分となりますね。正解は「オ」。

鉄道マニアなら自分の知識だけで正解できたでしょうし、これは糸魚川駅に停車しているから「かがやき号」ではなく「はくたか号」のはずだとか、いろいろ楽しめそうです。しかし、鉄道マニアでなければ解けない問題というものはまず出題されません。既存の知識や資料を使って解くことができるようになっているのです。

この時刻表は何駅のもの?

次の問題も資料を読み取る問題です。

下の図は、九州地方の3つの県における、おもな鉄道の駅の位置をあらわしたものです。図中の○は、その県内でもっとも人口の多い都市の中心駅、●は同じ県内で2番目に人口の多い都市の中心駅を示しています。新幹線を使わずJRの在来線を使って、各県内を●から○へ移動することを考えてみましょう。次の表は、3つの県の●における列車の発車

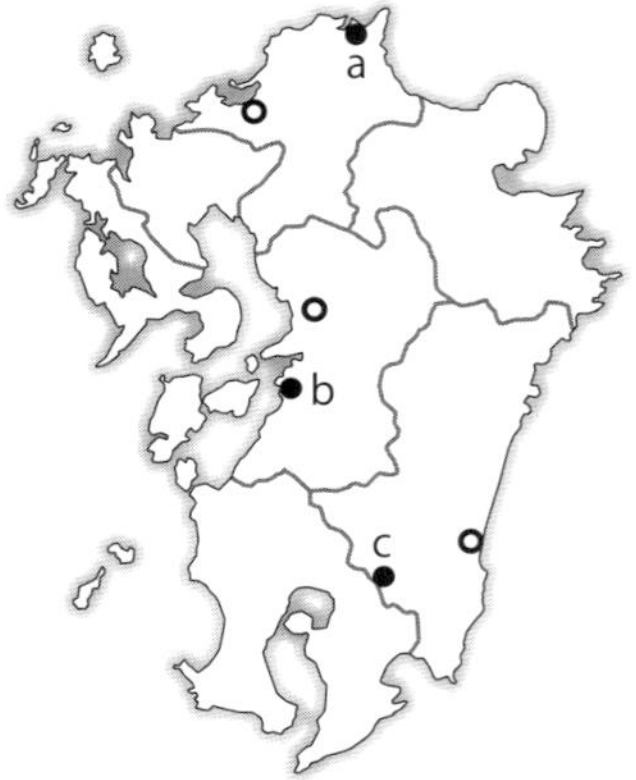

時刻をあらわしたものであり、乗り継《つ》ぎなしで同一県内の○まで在来線で到達《とうたつ》できる便のみを示しています。図中のaとbにおける発車時刻表にあてはまるものを次のア〜ウからそれぞれ選んで、a→bの順にその記号を書きなさい。

〈東大寺学園２０２３〉

深く考える必要はありません。人口が多いところは電車の本数が多く、人口が少ないところは電車の本数が少ないものです。福岡市、北九州市という2つの政令指定都市を持つ福岡県がもっとも人口が多いのでア。県庁所在地である熊本市が政令指定都市の熊本県がウ。宮崎県はこの3県の中でもっとも人口が少ないのでイとなります。正解は「ア→ウ」。

	ア	イ	ウ
時	分	分	分
4	51		
5	09 20 38 46 [58]	44	08 58
6	00 [13] 17 23 30 34 [50] 53 57	29 56	15 39 48 59
7	01 [07] 17 21 [32] 34 [40] 45 57	[11] 26	12 26
8	[10] 13 25 36 40 [45] 48 55 59		02 23 46
9	13 [19] 22 [39] 43	[07] 29	11 29
10	[05] 16 22 [41] 44	[08] 41	05 25
11	[05] 16 22 [41] 44	[22] 37	02 36

2022年８月の平日午前中の発車時刻。□は在来線の特急列車。

（JR 九州ウェブサイトより作成）

でも、イの特急列車の存在に惑わされた方もいらっしゃったかもしれません。熊本県は宮崎県より人口が多いので特急電車があるのではないか、イが熊本県の都市かもしれない、と。そこは人口順で考えてくださいと言うしかないのですが、中学受験生が知っているレベルの鉄道の知識で乗り越えることもできます。

九州新幹線は福岡県の博多駅と鹿児島県の鹿児島中央駅を結んでおり、途中熊本県の熊本市や八代市を通ります。すると、急いで移動する人や遠距離を移動する人は新幹線を利用するため、並行して走る在来線に特急列車は必要なくなります。新幹線開通と同時に並行在来線の特急列車は走らなくなるのが一般的です。そのため、ウはイより本数は多いものの特急列車がないのです。一方、宮崎県には新幹線が走っていません。●cは位置からして都城駅になるのですが、宮崎駅や鹿児島中央駅に向かう速達列車は特急電車となります。

というわけで、電車の本数が人口に比例することだけを考えて解けばよい問題ではあったのですが、小学生の時の私のような鉄道好きの受験生にはたまらなく楽しい時間になったでしょう。「これ、門司港駅始発のきらめき1号だ」、「7時11分に都城駅を出るのはきりしま2号に違いない」。実際にはそんなことに興奮する余裕もなく、淡々と解き進めるのが受験生なのですが、個人的に「おもしろすぎる入試問題」でした。

この時刻表はどこの空港のもの?

続いても時刻表の問題です。

下の表は、熊本空港・仙台空港・高松空港における午前7~9時台の旅客便の出発予定時刻をあらわしたものです。熊本空港と仙台空港にあてはまるものを表中のア~ウからそれぞれ選んで、熊本空港→仙台空港の

ア	イ	ウ
7:30　東京（羽田）	7:35　東京（羽田）	7:35　大阪（伊丹）
7:35　東京（羽田）	7:35　東京（羽田）	7:35　名古屋（中部）
9:25　東京（羽田）	7:35　大阪（伊丹《いたみ》）	7:35　福岡
9:45　東京（羽田）	7:40　大阪（伊丹）	7:45　札幌（新千歳《しんちとせ》）
	8:15　東京（羽田）	7:50　大阪（伊丹）
	8:50　東京（羽田）	8:05　広島
	9:00　大阪（伊丹）	8:10　札幌（新千歳）
	9:15　大阪（伊丹）	9:15　大阪（伊丹）
	9:30　名古屋（小牧《こまき》）	9:20　大阪（関西）
	9:40　東京（羽田）	9:30　札幌（新千歳）
	9:45　名古屋（中部）	9:45　神戸
		9:55　大阪（伊丹）

2023年10月上旬《じょうじゅん》の国内線のみを示している。同時刻の同じ行き先の便があるのは、航空機を運行する会社が異なっていることによる。

（各空港 Web サイトより作成）

順にその記号を書きなさい。〈東大寺学園2024〉

今度は飛行機の時刻表です。鉄道マニアならぬ航空マニアの小学生に出会うことは少ないので、ほぼ全員が同じ条件での勝負です。人口で考えるのではなく、行き先で考える問題です。

まず、アは羽田空港行きだけ。地方空港によくあるタイプです。秋田県の大館能代空港、和歌山県の南紀白浜空港などが該当します。

イには羽田空港のほか、伊丹空港があります。大都市との間には路線があることが特徴です。アよりは人口が多いと考えられます。

そしてウには羽田空港が入っていないことが最大の特徴です。羽田空港が入っていないということは、東京との間の距離がとても近いか、あるいは別の交通手段が一般的だということになります。熊本、仙台、高松の中で東京に近く、別の交通手段がある場所はどこでしょうか。宮城県の仙台です。東京駅から仙台駅までは東北新幹線で1時間半ほど。東海道新幹線で2時間半ほどかかる東京―大阪間も、飛行機より新幹線を利用する人が多いので、短時間であればわざわざ飛行機を選ぶことはなくなります。需要がなければ路線もないのです。まず仙台空港がウと確定します。なお、東北地方でもっとも人口の多い宮城県と北海道の結びつきを考えると、新千歳空港行きの飛行機が複数出ていることも説明がつきます。

アとイは人口規模で考えてみましょう。熊本県の人口は１６０万人台、一方、香川県の人口は９０万人ほどですから、利用者が多いのは熊本空港でしょう。よって、熊本空港はイと考えられます。あるいは、香川県と大阪府は距離が比較的近いことから、路線がないと考えることもできそうです。

正解は「イ↓ウ」。これは難しい問題でした。新幹線で早く行ける場所はそもそも飛行機の路線がないということを意識しておくと正解しやすかったでしょう。

第5章　渋幕・渋渋が求める「なぜ?」

中学受験において、共学校の人気が高まっています。首都圏でその筆頭格の一つとされているのが、渋幕こと渋谷教育学園幕張です。１９８３年に高校が、１９８６年に中学が開校した同校は、東大合格者数トップ10の常連になるだけではなく、海外大学への合格者、進学者も出しています。

おじいさんがかりとってきた「シバ」

そんな渋幕では毎年、唸《うな》らされる入試問題が出ることでも知られています。

> 鬼退治で有名な昔話に「桃太郎」があります。この昔話の「桃太郎」の冒頭では、おじいさんは山にシバかりに、おばあさんは川へ洗たくに行きます。このおじいさんが山でかりとった「シバ」は、どのようなことに使われたと考えられますか。20字以内で説明しなさい。
>
> 〈渋谷教育学園幕張２０２３　一次〉

シバをカタカナにしていることで良質な問題になっています。「柴刈り」であって「芝刈り」ではないのです。柴と書いてしまえば簡単な問題になってしまいます。なぜ敢えてカタカナにしているのだろう、シバとは何のことだろうと受験生に考えてほしかったのだと思います。「柴」から類推できるように、木や木の枝です。では、木や木の枝を何に使おうとしたのでしょうか。そう考えていけば、燃料にしていたのではないかと気づきそうです。正解は「火をつけるための燃料。」となります。

この問題を見て、渋幕合格のために昔話をたくさん読まなければならないとは思わないでいただきたいと思います。昔話が大事なのではなく、一つひとつ言葉の意味を考えることが大切なのだ、というメッセージだと思われます。

なお、木の枝を田畑にしきつめて肥料にもしていました。これは、２００８年の武蔵中で農業を行っている図を読み取って説明する問題として出題されています。たとえば鎌倉時代や室町時代、山に木の枝や葉を取りに行き、馬を使って運び、田畑にしきつめて肥料にしていたのです。江戸時代にもなると、イワシを干した干鰯《ほしか》や、油かすなどの肥料が開発され、使われるようになりましたが、それより前の時代だと、木の枝も肥料になっていたのです。そう考えると、渋幕の問題では「木の枝を田畑にしきつめて肥料にすること。」でも正解になったと思われますし、「薪などの燃料や、肥料として用いた。」と書けば文句なく正解になったでしょう。

休日や夜に裁判官が宿直しているワケ

では、次の問題です。

> 裁判は平日の日中に開廷しますが、休日や深夜にも裁判官が裁判所に宿直しているのだそうです。
> 傍線部について、どのような目的で宿直していると考えられますか。
> 〈渋谷教育学園幕張２０２４　一次〉

裁判が行われているのは平日昼間です。休日にはやっていません。もちろん深夜に裁判が行われることもありません。では、いったい何のために裁判官が宿直しているのでしょうか。急に裁判を行うわけではないが、急に裁判官が必要になる場面があるということです。

正解は「休日や深夜に令状を出す可能性があるから。」です。警察は現行犯で逮捕することもできますが、原則として裁判所の令状を見せる必要があります。令状とは、警察官や検察官などに対して、裁判官が方法や範囲を定めて捜査を行うことを認める許可状のことです。公権力が暴走し、不当な人権侵害が行われないようにするために、令状をとって強制力を伴った捜査や身柄の拘束を行うのです。

裁判の仕組みを細かく知っている小学生は稀でしょう。高等裁判所や地方裁判所の数、裁判員裁判の仕組み、違憲立法審査権などは中学入試で頻出ですが、令状に関することは学んだことがないという生徒も少なからずいたはずです。知らなかったとしても、与えられた条件を使って考えて答えを出すことはできますが、難しい問題でした。言われてみたらたしかにそうだ、という問題ですね。

では、次の問題はいかがでしょうか。

硬貨の投入口の「縦と横」問題

自販機の硬貨の投入口には縦型《たてがた》と横型があります。駅にある切符の自販機ではなぜ縦型を採用しているのですか。硬貨の特性をふまえて答えなさい。

〈渋谷教育学園幕張2021　一次〉

この問題を見るまで、私は縦型と横型の違いを意識していませんでした。また自販機など硬貨を投入するものはすべて横型だと思い込んでいました。おそらく自販機に現金を投入して飲み物を買うことはあるので横型のイメージがあるのと、交通系ICカードの普及で、縦型になっている自販機で切符を買う必要がなくなったからです。昔は、駅の券売機で列に並んだものです。列車の到着時刻まで残りわずかなのに、なかなか列が進まないので焦った記憶がよみがえりました。

そう考えていくと一定の推論ができます。「硬貨の性質をふまえて」という条件から、硬貨が転がることを解答に盛り込んでほしいという出題者の意図を読み取ります。正解は「縦型の方が早く硬貨が転がって落ちるので処理が早くなるから」となるでしょう。

しかし、それならすべて縦型にしてしまえば効率がよさそうです。なぜ横型が存在しているのかわからないものの、ひとまず答えを出した上で調べてみました。縦型だとスピードが上がる分、処理するために大型の機械が必要になるそうです。たしかに性能の高さが求められそうです。横型はスピードが遅い分、小型の機械で済むとのこと。飲料の自動販売機は人の列ができることはめったにありませんし、スピードもそれほど要求されません。むしろ場所を取らないということの方が理に適っているので横型になっているのでしょう。

身近に存在しているものの、ふだん意識しない「なぜ？」を問うてくる難問でした。

ペットボトル入り冷水の無料配布のワケ

次は、新型コロナウイルス感染症に関する問題です。

> 昨年（2020年）の夏休みは新型コロナウイルスの感染拡大により、例年よりも期間を短縮した学校が多くありました。8月中に学校を再開したものの、残暑が厳しく学校生活を安全に送るのが難しい日もありました。そのようななか、茨城県つくばみらい市は、市内のすべての公立小・中学校に自動販売機（自販機《じはんき》）を設置し、児童・生徒にペットボトル入り冷水の無料配布を夏休み明けから始め、9月末まで続けました。
>
> 傍線部の理由を、答えなさい。
>
> 〈渋谷教育学園幕張2021　一次〉

この問題は新型コロナウイルス感染症が広がり、緊急事態宣言が出されてから初の受験となった年に出たものでした。さっそく、ロックダウン（都市封鎖）、3つの密（密閉、密集、密接）を防ぐことなどが入試でも出題されましたが、渋幕は「なぜ？」と問うてきました。これまでの問題と比べれば、ヒントに気づきやすい問題だったかもしれません。正解は「水道の蛇口を使うより、個々にペットボトルを渡した方が感染のリスクを減らせるから。」といった内容になります。

コロナ禍前までは暑ければ水道の水を飲めばよかったのですが、当時はできるだけ他人と距離をとり、会話も慎むような環境でした。2020年2月から3月にかけて約2週間の全国一斉休校も行われ、その後も分散登校が行われたり、給食の際には「黙食《もくしょく》」といって、給食時に全員が同じ方向を向き、会話をしないで食べたりするような期間がありました。

次は、世界を舞台にした「なぜ？」を問う問題です。

なぜシンガポールは繁栄したか

シンガポールは、インド・中華などの多様な文化圏の重なる地域に多くの国々がひしめき合っている東南アジアの国の一つです。国土の大きさも東京23区ほどで、石油などの天然資源もありません。それでも、シンガポールが繁栄した理由は、地政学的な優位性にありました。

傍線部に関して、シンガポールの地政学的な優位性について、具体的な内容を説明しなさい。

※ただし、貿易という言葉を必ず使用してください。〈渋谷教育学園幕張２０２３ 二次〉

地政学的リスクという単語はニュースで耳にすることがありますが、小学生には何のことかわからないかもしれません。しかし超難関校の渋幕を受験する高学力の生徒であれば、おおよそ見当をつけて考えていくでしょう。「知らないからわからない、解けない」ではなく「知らないなら考える、一定の推論をしてみる」という姿勢が必要です。

地政学は地理学と政治学を合成したもの、つまり地理的な要因と政治的な要因を考えるということです。シンガポールの優位性はどこにあるのでしょうか。

シンガポールの法人税が周辺諸国と比べて低く、実効税率は日本の半分程度とされている点を思いつきますが、今回問われていることではなさそうです。マーライオンで有名なことも、ごみのポイ捨てに厳しく景観がきれいなことも、今回の解答には入りません。

貿易という言葉を使う条件を意識しながら、まず、地理的要因から考えていきましょう。インドや中国など巨大な市場に近く、東南アジアの中心地にあるので貿易の拠点となっていること。これが解答の中心になります。次に政治的要因ですが、これは小学生でも大人でも難しいです。与党が圧倒的多数を占め、安定した政治体制であることから投資の面で安心できる点を書ければいいですが、実際の試験ではこの点に触れた生徒はほとんどいなかったでしょう。

解答は「安定した政治体制であり、投資しやすい環境が整っており、インドや中国など巨大市場に近く、東南アジアの中心地にあるので貿易の拠点となる場所だから。」とします。ここまで書けなくても問題ありません。

なお、シンガポールはおすすめの旅行先の一つです。理由を3点あげると、「日本から数時間で行くことができ比較的近い」、「治安がよい」、「たくさんの国の文化に触れることができる」です。リトルインディア、アラブストリート、もちろんチャイナタウンもあります。ニューヨークは多くの人種が同じ町に共存していることから「人種のサラダボウル」と呼ばれますが、シンガポールはアジア版サラダボウルと言えそうです。

難問が続いた渋幕の入試問題、次は歴史の問題です。「なぜ？」を考えるのは地理や公民に限った話ではありません。

「離婚してください」と妻が夫に求めたワケ

江戸時代の結婚は、女性は「家」に入り、夫や嫁《とつ》ぎ先の両親に従うよう求められ、家の代表である戸主《こしゅ》も男性の名前で記され、社会的地位も低下した──と思われてきました。しかし実際には、家の外に出て働く女性も多く、夫婦共働きも珍しくはありませんでした。江戸の人口増加にともなって盛んになった外食産業で働いたり、お針子《はりこ》（仕立屋）・髪結《かみゆ》い（美容師）などになったりしました。結婚制度に関してもこれまでの常識とは違った形が見えてくるようになりました。

傍線部に関して、下の史料（左）とその要約（右）を見て問いに答えなさい。

この史料は離縁状《りえんじょう》といって、離婚をする際に夫が妻に渡していたものです。この史料について、これまで男性が短い文章を書くだけで女性を家から追い出すことができた、というような男性優位のあらわれであると見なされていました。現在では異なった解釈が提示されており、女性から男性に要求したものと考えられています。

女性が男性に離縁状を求めた理由について答えなさい。

〈渋谷教育学園幕張2020 二次〉

一札の事（一通の文書）

一つ　私の妻の「なみ」と
このたび離婚することになりましたが、
今後どなたと再婚しても
差し支えありません。以上です。

年号月日

藤五郎（印）

なみどの

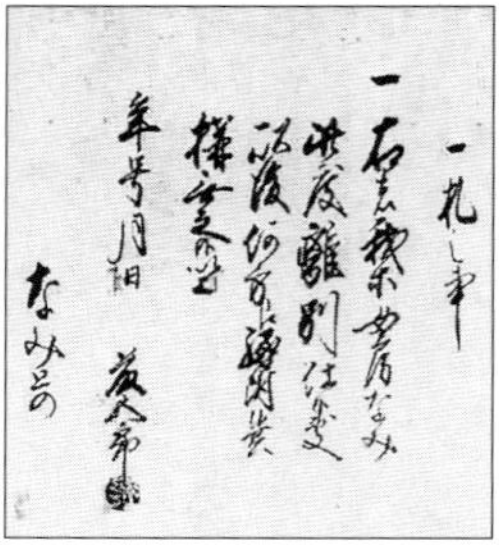

史料
（高木侃『泣いて笑って三くだり半——女と男の縁切り作法』教育出版、2001年より）

「三下《みくだ》り半《はん》を突き付ける」と言えば、断固として決別の意思を示すときに使われます。なぜ三下り半なのかというと、江戸時代に夫が妻に手渡した離縁状を「3行半」で書くという風習があったからです。たしかに原文を見ると、3行半の長さですね。

「怒りっぽいことで知られた八五郎、今日も女房（妻）とけんかして隠居のところへ三下り半を書いてくれと頼みに来た」といった話で始まるのは古典落語の名作『天災』。三下り半を書くのは、そう珍しいことでもなかったのでしょう。ちなみに、「雨が降るからと言って天とけんかすることもないでしょう、何事も天災と思ってあきらめなさい」とご隠居さんに言われて納得した八五郎、となりの家で女を連れこんだとかで言い争いをしているのを聞き、さっそく知識を披露しようと乗り込みます。八五郎、「夕立にあったらどうする、天災だろう」と自信たっぷりに言ったところ、「いや、うちにきたのは前妻だ」と返される落ちで終わります。天災と前妻でかけていたのですね。

なにも、面白い落語を紹介しようと思ったわけではありません。前妻が当たり前に出てくるくらい、江戸の町では離婚、再婚が当たり前だったのです。当時の江戸は男性の数の方が多く、女性の立場はそれなりに強かったようです。そんな背景を知っていれば簡単に解けますが、もちろん小学生はそこまで知らなくても構いません。設問や資料から読みとって答えればいいのです。

男性優位と見なされていたものが、現在では異なった解釈をされているとありますから、男性優位というわけではなかったことがわかります。女性が男性に離縁状を求めた理由ですから、女性側に離婚したい理由があったのです。史料には、「今後どなたと再婚しても差し支えありません」とありますから、女性としてはこの男性と離婚して新たに再婚したい希望があったのでしょう。正解は「離婚を形にすることで、別の男性と再婚できるようになるから。」となります。

小学生に離婚問題を問うのは不謹慎だという感想を持たれたかもしれませんが、この業界に長くいるものとしては、かつてタブーとされていたものも、今ではたびたび出題されているという感想を持っています。国語の物語文では、親の離婚のテーマはいつしか当たり前に出されるようになり、最近では、離婚経験のある母が再婚相手と共に事故死、両親を失った娘が母の元夫に引き取られる、元夫と娘に血のつながりはない……といったテーマまでも出題されています（問題文の出典は凪良ゆう『わたしの美しい庭』）。自分自身が経験しない特異な状況の話だからこそ、自分軸でなく他者への共感をベースにものごとを考えさせたいという意図があるのかもしれませんし、多種多様な環境を想像できる子を求めているのかもしれません。

ここまで、渋幕の問題を見てきました。「なぜ？」を入試問題で問うことで、単に知識を暗記して再現しようという子を求めているのではないことがわかります。渋幕を運営する渋谷教育学園の教育目標と言えば、〝自調自考〟。自らの手で調べ、自らの頭で考えるという〝調と考〟が建学の精神となっており、そのことが入試問題にも表れているのです。

渋谷教育学園は渋幕の幕張だけではありません。渋谷にもあります。渋谷教育学園渋谷、略して渋渋です。前身の渋谷女子高等学校を共学化して１９９６年に開校されました。女子校が共学化するのは近年、多く見られます。順心女子学園→広尾学園（２００７年）、戸板女子→三田国際（２０１５年）、星美学園→サレジアン国際学園（２０２２年）などです。男子校の日本学園が共学化して明治大学付属世田谷になるというケースもあります（２０２６年）。男子校、女子校という別学は減り、共学校が増えているのです。

渋渋はいち早く共学化し、超難関校になりました。渋幕同様、初代校長の田村哲夫氏に優れた先見の明があったのでしょう。

では、渋渋の問題です。まずは、楽しく考えられる問題から。

信長の気持ちを4文字で表すと

> 本能寺で謀反の知らせを聞き驚いた織田信長の気持ちを、「水」を使った4字の「ことわざ」で答えなさい。
>
> 〈渋谷教育学園渋谷2019 第1回〉

本能寺の変を起こしたのはもちろん明智光秀。信長を討った光秀を、豊臣秀吉（当時は羽柴秀吉）が山崎の戦いで破って天下人になっていくことは中学受験生であれば知っています。信長の気持ちを「水」を使った4字の「ことわざ」で聞いてくるとは、驚きました。寝耳に水のような心持ちで答えを書いてしまいました。正解は「寝耳に水」。

問題を見てぱっと思い浮かんだのは「明鏡止水《めいきょうしすい》」でした。「人間五十年　下天の内を比ぶれば　夢幻の如くなり」という幸若舞《こうわかまい》の『敦盛《あつもり》』の一節を好んだ信長であれば、部下の明智光秀の裏切りによって、澄んだ心の状態になったのかもしれないと考えたのです。しかし、これでは難しすぎるし、そもそも漢字４字とは書いていないし、四字熟語ではなくことわざで答えるという指定があります。となると、驚いたことを表す寝耳に水になると気づきました。皆さんは、正解できたでしょうか。

「水」がある場所に人が集まる

続きまして同じく、水に関する問題です。

日本の村落共同体や都市の長屋などでは、昔から「水」のある場所に周辺の人が集まり、世間話をすることや情報を共有する習慣がありました。このことを何と表現するか、ふさわしい言葉を、漢字５字で答えなさい。

〈渋谷教育学園渋谷２０１９ 第１回〉

大人は「井戸」という言葉が頭の中に思い浮かぶかもしれませんが、小学生にはかなり難しい問題だろうと思います。そもそも「井戸」という言葉自体を聞いたことがない子も少なくないでしょう。昔の生活環境の中で水を得るために集まった場所がどこかを考えてみてください。そこで井戸と思いつけば気づけるかもしれません。正解は「井戸端会議」。

現代だと、どういう場所で世間話をしたり情報を共有したりするのでしょう。若者ならコンビニの前であったり、あるいはマクドナルド、サイゼリヤなどの気軽に食事ができたりする場所でしょうか。大人なら昼はカフェ、夜は居酒屋。そもそもリアルでの共有ではなく、XやインスタグラムTikTokなどのSNS（ソーシャルネットワーキングサービス）で情報が共有されるのかもしれません。

都市封鎖を何と呼ぶか

続いては昔の出来事と現代の事象が関連する時事問題です。

> 人類は感染症との戦いの中で多くのことを学んできましたが、今回のCOVID-19ではその経験が生かされていました。以下の〈資料〉は14世紀のヨーロッパの人々がおこなった感染症対策です。今回の流行でも、海外で同じような対策がとられました。この対策を何と呼ぶか、カタカナで答えなさい。
>
> 〈資料〉　14世紀、ペストが流行する中でイタリア人のボッカッチョが著した、『デカメロン』の一節です。

いずれにせよ数年前、はるか遠く地中海の彼方のオリエントで発生し、数知れぬ人命を奪いました。ペストは一箇所にとどまらず次から次へと他の土地に飛び火して、西の方へ向けて蔓延してまいりました。（中略）市当局に任命された役人が、病人の市中への立ち入りを禁止、衛生管理の周知徹底のお触れを出しました。

『デカメロン』（ボッカッチョ　平川祐弘訳　2020　河出文庫）一部改変

〈渋谷教育学園渋谷2021　第1回〉

日本では学校の一斉休校や飲食店を中心とする休業要請が行われましたが、都市封鎖までは行われませんでした。都市封鎖を行わなかったアジアやヨーロッパの国は、日本や韓国、アイスランドなどごくわずか。イタリア、スペイン、フランス、ドイツ、イギリスなどヨーロッパの国の多くは都市封鎖を行っています。

ペストの大流行はたびたび起こってきましたが、14世紀の大流行ではヨーロッパの人口の3分の1もの人が亡くなりました。その中で、都市封鎖をして被害を最小限に抑えたのがイタリアのミラノと言われています。城門を閉じ、外部との接触を断ったことが功を奏したのです。新型コロナウイルスのパンデミックでもいち早くミラノは都市封鎖を行いましたが、過去の経験がそうさせたのではないでしょうか。正解は「ロックダウン」。新型コロナウイルス感染症に関する問題は、２０２１年以降多く出題されています。

映画館に行かなくなった理由

さて、ここからは記述問題です。大事なのは、「なぜ?」です。

次の映画館の年間入場者数の推移のグ

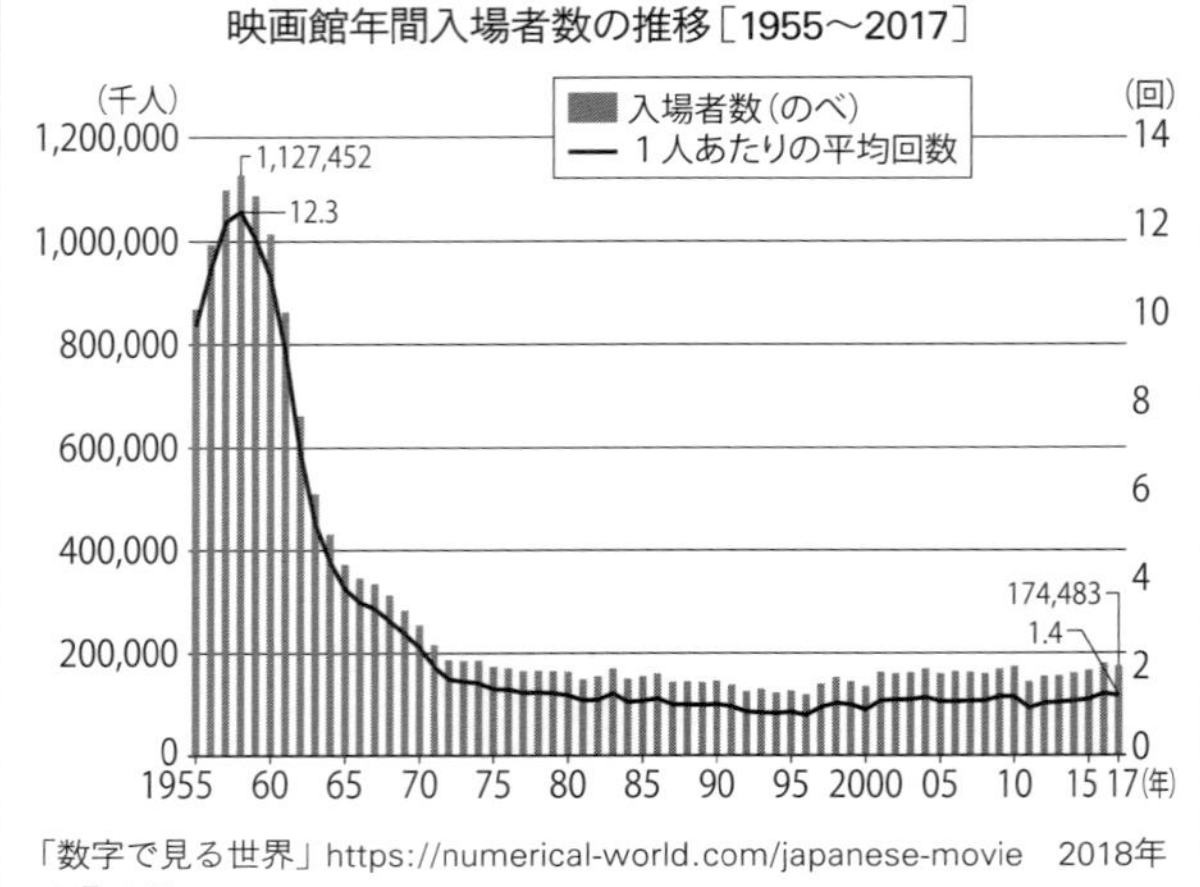

「数字で見る世界」https://numerical-world.com/japanese-movie　2018年9月4日

ラフを見ると、１９５０年代をピークにして減少していってます。これは何が原因と考えられますか。15字以内で説明しなさい。
〈渋谷教育学園渋谷２０２１　第2回〉

ネットフリックスやYouTubeと考えた方、不正解です。１９５０年代がピークと書いてあります。ネットフリックスが日本でサービスを開始したのは２０１５年、YouTubeがスタートしたのは２００５年ですが、広がりを見せたのは２０１０年代ですから、映画館の入場者が激減する時期とは合いません。

正解は「テレビが家庭に普及したこと。」でしょう。「カラーテレビ」に限定してしまうと、正解にはなりません。カラーテレビが家庭に普及したのは１９６４年の東京オリンピック以降で、１９７０年の段階で普及率が30％。映画館入場者数の激減はカラーテレビの普及前に起こっていたことがわかります。

3月に東京にやって来る人が多いのはなぜ？

次は、都市部に関する「なぜ?」についてです。出題はちょうど新型コロナウイルスの感染拡大の時期と重なりますが、今回の問題はそれとは関係がありません。

下のグラフは、２０２０年１月～２０２１年４月までの三大都市圏の月毎の転入・転出の差を表したものです。３月に東京圏への転入が多いのはなぜか、その理由を答えなさい。

〈渋谷教育学園渋谷２０２２ 第１回〉

3月に東京圏に転入した経験がある大人の方にとってみれば、我がことですから簡単です。正解は「進学や就職で東京圏に引っ越してきたから。」となります。4月に新年度を迎えるので、3月に引っ越しを済ませる人が多いのです。

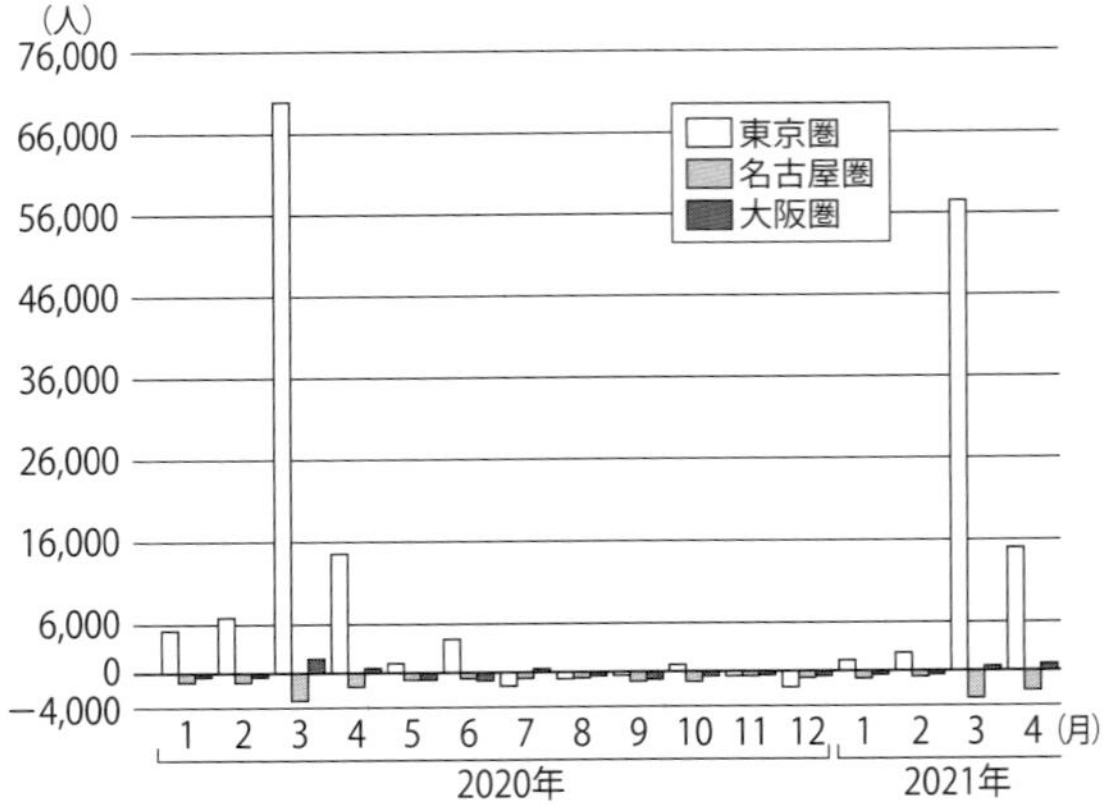

（「住民基本台帳人口移動報告」より作成）

プーチンがオンラインで会議に参加した理由

ここまでは「なぜ？」とその答えとの因果関係が比較的わかりやすい、簡単な問題でした。続いて、複数の資料を使う問題です。テーマは、プーチン大統領はなぜＢＲＩＣＳ（ブリックス）首脳会議にオンラインで参加したのか。

リベイラ富士のある国（筆者注：ブラジル）は、２０２３年８月末に都市ヨハネスブルクで開催された新興５カ国（ＢＲＩＣＳ）首脳会談に参加しました。当初、この会談にロシアのプーチン大統領が対面での参加を希望していましたが、結局オンラインでの参加となりました。なぜプーチン大統領はオンライン参加となったのか、その理由を次の【資料１】～【資料３】をもとに説明しなさい。

【資料１】東京新聞web（２０２３年３月18日）
国際刑事裁判所（ＩＣＣ、本部オランダ・ハーグ）は17日、ロシアが侵攻中のウクライナから子どもの連れ去りに関与した疑いがあるとして、プーチン大統領に戦争犯罪の容疑で逮捕状を出した。

東京新聞ホームページより。

【資料2】国際刑事裁判所に関するローマ規程

第58条　第5項

裁判所は、逮捕状に基づき、第九部の規定により被疑者の仮逮捕又は逮捕及び引渡しを請求することができる。

第59条　第1項

仮逮捕又は逮捕及び引渡しの請求を受けた締約国は、その国内法及び第九部の規定に従い、被疑者を逮捕するための措置を直ちにとる。

第九部　国際協力及び司法上の援助

第86条　協力を行う一般義務

締約国は、この規定に従い、裁判所の管轄権の範囲内にある犯罪について裁判所が行う捜査及び訴追において、裁判所に対し十分に協力する。

外務省ホームページ掲載資料より抜粋。

【資料3】国際刑事裁判所（ICC）の主な締約国（全123か国）

地域	加盟国数	主な加盟国
アフリカ諸国	33	セネガル、南アフリカ、ギニア
アジア太平洋諸国	19	モンゴル、韓国、日本
東ヨーロッパ	18	ポーランド、ハンガリー、チェコ
ラテンアメリカおよびカリブ海諸国	28	アルゼンチン、ペルー、ブラジル
西ヨーロッパおよびその他の国	25	オーストラリア、カナダ、フランス、イタリア、イギリス

国際刑事裁判所のホームページより作成。

〈渋谷教育学園渋谷2024　第2回〉

中学入試の社会において資料を使う問題の場合、解答ではできるだけ多くの資料に触れた方が良いと考えておきましょう。そこから読み取れることをつないで解答に仕上げていきます。

まず、資料1。プーチン大統領はICCから逮捕状が出ています。次に資料2。締約国は被疑者を逮捕するための措置を直ちにとると書いてあります。最後に資料3。会議が行われる南アフリカ共和国は、ICCの締約国に含まれていることがわかります。もう、これで解答を組み立てることができますね。

正解は「プーチン大統領は、ロシアが侵攻中のウクライナから子どもを連れ去った事件に関与しているとされ、ICCから逮捕状が出ている。会議が行われる南アフリカはICCの締約国であるため、逮捕される可能性があったから。」といった内容です。

一見、そんな難しいことを聞いているのかと思いそうですが、複数の資料を参考にしながら意味の通るまともな日本語にすれば点数を得ることができるのです。このような資料を使って解答するタイプの問題は、海城中、駒場東邦中、浅野中、武蔵中などでも出題されています。得点差がつくので、志望校別対策の特訓などを通じて指導に力を入れています。

考察系の歴史問題

続いて、ここからは２問、歴史の問題に挑戦していただきます。歴史は興味がないから次の章に進もうという方もいらっしゃると思いますが、前提知識はそれほど必要ではありません。いずれも資料を読み取り、「なぜ？」を考える問題です。

以下の家系図は藤原氏の摂関政治に関係する家系図です。摂関政治は、全盛といわれた道長の子の頼通を最後にして終わりを迎えます。なぜ摂関政治は後の時代の院政と比べると不安定な政治体制だったのか、その理由について述べたあとの文章の空らん［ Ｉ ］に当てはまる内容を、以下の家系図を参考に、25字以内で答えな

摂関政治関係家系図（略図）

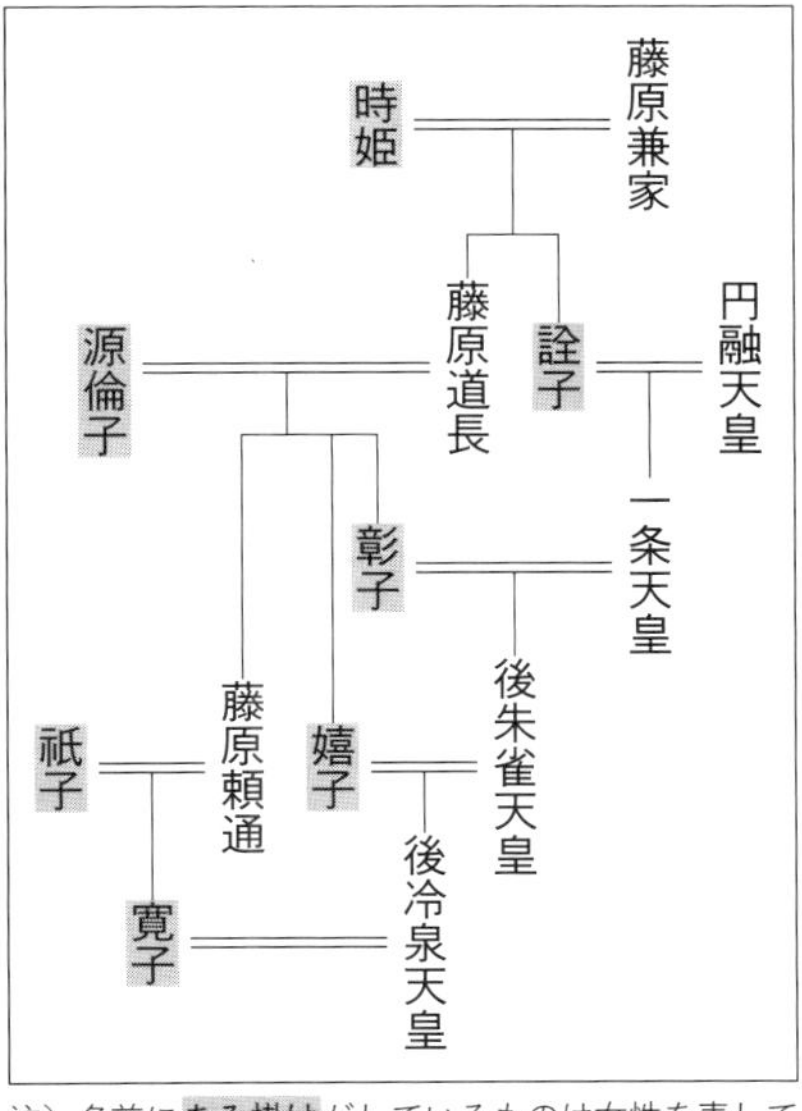

注）名前にあみ掛けがしているものは女性を表している。

さい。

文章

［　Ⅰ　］場合は藤原氏が外戚として実権を握れなくなってしまうため、摂関政治は院政と比べると不安定な政治体制であり、実際に頼通の時には［　Ⅰ　］ので摂関政治は終わりを迎えた。

〈渋谷教育学園渋谷２０２４　第３回〉

摂関政治に関する問題です。中学入試でも頻出のこのテーマ、藤原氏の娘を天皇の后にし、生まれた男児を天皇にすることで天皇の外戚《がいせき》となり、摂政や関白となって実権を握るのが摂関政治だと授業では説明します。では、どういう時に外戚になれないのでしょうか。藤原氏の娘と天皇の間に生まれた子が、次の天皇になれない時です。今回は2か所のⅠに共通して入る言葉を答えるので、「藤原氏の娘と天皇との間に男児ができなかった。」でよいでしょう。

ところで２０２４年の大河ドラマは「光る君へ」で、藤原道長が重要な役として登場しました。もしかしたら、大河ドラマの放送に合わせてこの問題を出したのかもしれません。

では、次の問題です。

左の【メモ】は、琉球で出土した明刀銭についてわかっていることをまとめたものです。この【メモ】から「沖縄出土の明刀銭がどこから運ばれてきたか」についての以下の【仮説】が導き出せます。【仮説】の空らん（　1　）、（　2　）に当てはまる、いずれも漢字2字の語句を答えなさい。

【メモ】

・出土したのは、那覇市と沖縄本島南端の八重瀬町の2カ所である。
・那覇市の出土場所からは縄文晩期の九州地方の特徴を備えた土器が見つかっている。
・琉球で出土した2例以外に、今のところ日本での明刀銭の出土例はない。

【メモ】の内容から判断すると、以下の【仮説】が導き出せる…

【仮説】

明刀銭は直接（　1　）から琉球にもたらされたとも考えられるが、あるいは、

（　2　）に伝わり、その後に琉球にもたらされた可能性も否定できない。

〈渋谷教育学園渋谷2024 第2回〉

わかっていることから仮説を立てるというのは研究をする際の入り口とも言えます。明《めい》刀銭《とうせん》は中国の戦国時代に使われた貨幣です。琉球にのみ出土例があるわけですから、中国から直接伝わった可能性が高そうです。しかし、那覇市の出土場所からは縄文晩期の九州地方の特徴を備えた土器が見つかっているので、九州に伝わり、その後に琉球にもたらされた可能性もあります。それなら九州地方でも明刀銭が見つかってもよさそうですから、朝鮮経由などの可能性もありそうです。ただ、この問題はメモから仮説を導き出せという指定があるので、（1）の正解は「中国」、（2）の正解は「九州」となります。

このような考察系の問題は、渋渋だけで出題されているわけではありません。渋渋が共学化の先駆者であるとすれば、後発で共学化を果たし、人気を集める学校でも似たような出題が見られます。次の章では、特に考察系の良問を多く出す学校を紹介します。

第6章 三田国際学園の「ＰＢＬ型入試問題」

三田国際学園（※2025年4月より、校名を三田国際科学学園中学校に変更）が誕生したのは2015年。広尾学園の改革の立役者であった大橋清貫氏を学園長に迎え、双方向性の授業を重視した授業を展開しました。「あなたはどう思う？」という〝トリガークエスチョン〟を出し、自分の考えを構築した上で他者と議論しながらグループで結論を導き出します。その後、クラスでプレゼンテーションを行ってレポートを作成するという授業形式を本格的に行っている点が特徴的です。

PBL型授業（課題解決型授業）は教育としてはいいけれど大学合格実績につながらないだろうと見られていたところに好結果が出て、急激に人気、難度が上昇した学校です。入試問題にも、授業とのつながりが感じられます。

人口10万人あたりのハンバーガーショップが多いのは？

> 表1〜3とそれに関連する三田さんの考察を踏まえ、［　　B　　］に入る文章を、表中Aに入る都道府県名を含め、30〜40字程度で答えなさい。
>
> Aに関する三田さんの考察

①気候の影響《えいきょう》で淡白な魚が多く、魚料理が発達しておらず、魚を食べる文化がないのではないか。

②自然環境《かんきょう》の影響で、水の質が他の都道府県と異なるため、ミネラルウォーターの消費量が多いのではないか。

③「　B　」ため、ハンバーガーショップの店舗《てんぽ》数が多いのではないか。

表1　都道府県別ハンバーガーショップ店舗数

順位	都道府県	人口10万人あたりの店舗数(総数)
1	A	9.36軒(133軒)
2	東京都	6.69軒(896軒)
3	静岡県	5.48軒(203軒)
4	佐賀県	5.39軒（45軒）
5	長崎県	5.20軒（72軒）

出典：経済センサス-基礎調査（2014年）

表2　都道府県別生鮮魚介一世帯当たりの年間消費量

順位	都道府県	消費量
47	A	18,412g
46	岐阜県	23,440g
45	山梨県	24,668g
44	群馬県	24,860g
43	徳島県	24,924g

出典：家計調査（2016年）

表3　都道府県別一世帯当たりのミネラルウォーター年間購入額

順位	都道府県	購入額
1	A	5,409円
2	東京都	4,763円
3	茨城県	4,441円
4	埼玉県	4,383円
5	千葉県	4,311円

出典：家計調査（2014年）

〈三田国際学園2021 第1回〉

Aの都道府県すらわからないと思われた方、あきらめずにもう一度考察を読んでみてください。①の文章だけだと内陸県かと思いますが、「気候の影響」というのがピンときません。②「自然環境の影響で、水の質が他の都道府県と異なる」という文章が大きなヒントです。他の都道府県と異なる場所を思い浮かべて、もう一度問題に向き合ってみると、Bも含めて思いつくかもしれません。

Aに入る都道府県は、沖縄県です。北海道だと「淡白な魚が多く、魚料理が発達しておらず」が合いません。鮭のちゃんちゃん焼きは濃厚です。サケ、サンマ、ニシンといくらでも魚が思い浮かびます。一方、沖縄県だとマグロやカツオは魚料理で出てくるものの、多くは亜熱帯でとれる淡白な白身魚。グルクンが有名です。

Aが沖縄県とわかればBのハンバーガーショップが多い理由も考えられないでしょうか。沖縄県特有の現象と考えると、米軍基地が集中していること、米軍兵士が多くいることからハンバーガーショップが集中していると仮説を立てられそうです。あるいは米軍基地があることで、アメリカの文化が根づいたという方向性でも書けます。解答は「沖縄県には他県より米軍基地が多く、アメリカの文化が根づいている。」といった内容になります。

余談ですが、沖縄旅行の際には、なぜか一度は「A&W」でハンバーガーを食べています。沖縄のハンバーガーチェーン店です。那覇空港にもあるので帰りの飛行機の待ち時間に食べることもありますし、どこを訪れても店がいい場所にあるのです。

では沖縄に行きたくなる気持ちを抑えて次に進みます。続いての問題も仮説を立てる問題です。

県境に同じ地名がある理由

以下は授業中の先生と生徒たちの対話文である。対話文と図を見て、文中の「　X　」に共通して当てはまる文章を20字程度で答えなさい。

先　生：多摩川をはさんで両岸に等々力や野毛という地名がある理由について、図を見ながら考えてみましょう。この福岡県と佐賀県の県境の部分を見て何か気がつくことはありますか。

ゆ　う：県境は黄色の実線（＊本書では太線）であらわされているところですよね。

なぜ筑後川に沿って境界になっていないのですか。

かおる：★の部分は佐賀県、★の部分は福岡県ってことですよね。飛び地になっていてこれではとても不便ではないでしょうか。

先　生：それこそが多摩川の謎を解くカギになります。不便ですよね。では福岡県と佐賀県が誕生した

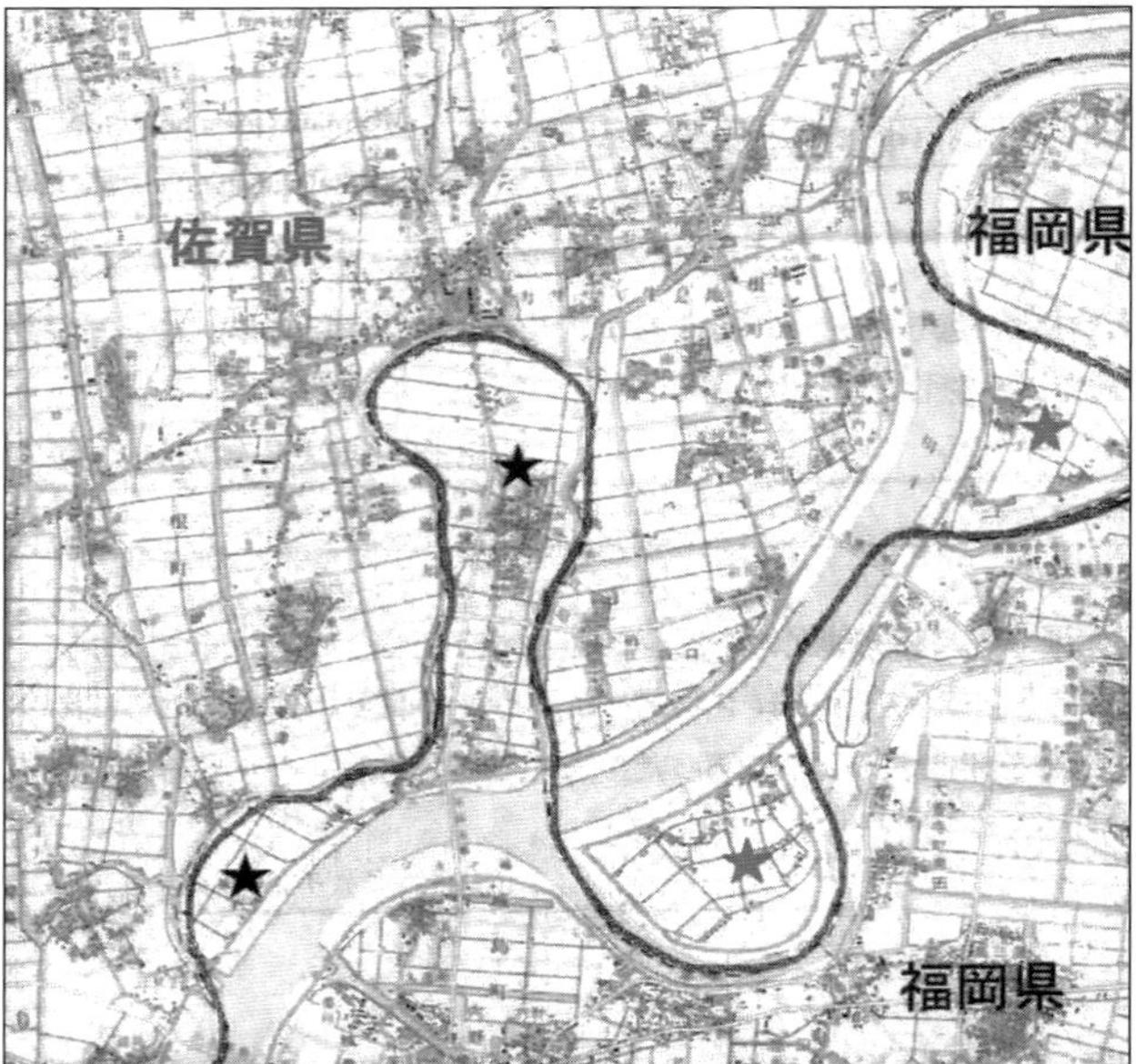

（出典：https://ameblo.jp/chizumania/entry-12718225320.html）

時からこのような境界だったと思いますか。
ゆ　う：あ、そういうことか。［　　X　　］からこのような境界になっているのですね。
かおる：ということは東京都と神奈川県は、［　　X　　］から多摩川の両岸に同じ地名が存在することになったのですね。
〈三田国際学園2023　第1回〉

多摩川を挟んだ東京都と神奈川県に同じ地名がある理由を考える問題です。知識を求めているわけではないことは、この問題からわかると思います。雑学王を求めているのではなく、さまざまな資料、情報から推測し、仮説を立てる力を求めているのです。

先生の「福岡県と佐賀県が誕生した時からこのような境界だったと思いますか」というヒントから答えのカギを見つけることができるのではないでしょうか。先生のこのひと言は、以前は今とは川の流れが異なっていたことを示唆しています。そこで流れが変わった背景を考えると、護岸工事が行われ、川がまっすぐになったと気づくことができます。正解は「河川をまっすぐにする工事が行われた。」となります。

他校でも類似の問題が出されています。

２０２０年12月1日、東京都町田市と神奈川県相模原市の間で土地が交換《こうかん》され、両市および東京都と神奈川県の境界が変更されました。その目的は、以前と同じように境川を都と県の境界とすることです。下の地図は、今回境界が変更された地域の一部について、変更前の様子を示したものですが、境川と都と県の境界が一致しなくなった理由として考えられることを説明しなさい。

〈吉祥女子２０２１〉

こちらの吉祥女子中の問題は、三田国際中より若干ヒントが少ない問題ですが視点は同じです。都県の境界が河川によって分けられており、後から河川をまっすぐにする工事が行われたということに気づくことができればよいわけです。正解は「曲がりくねっていた

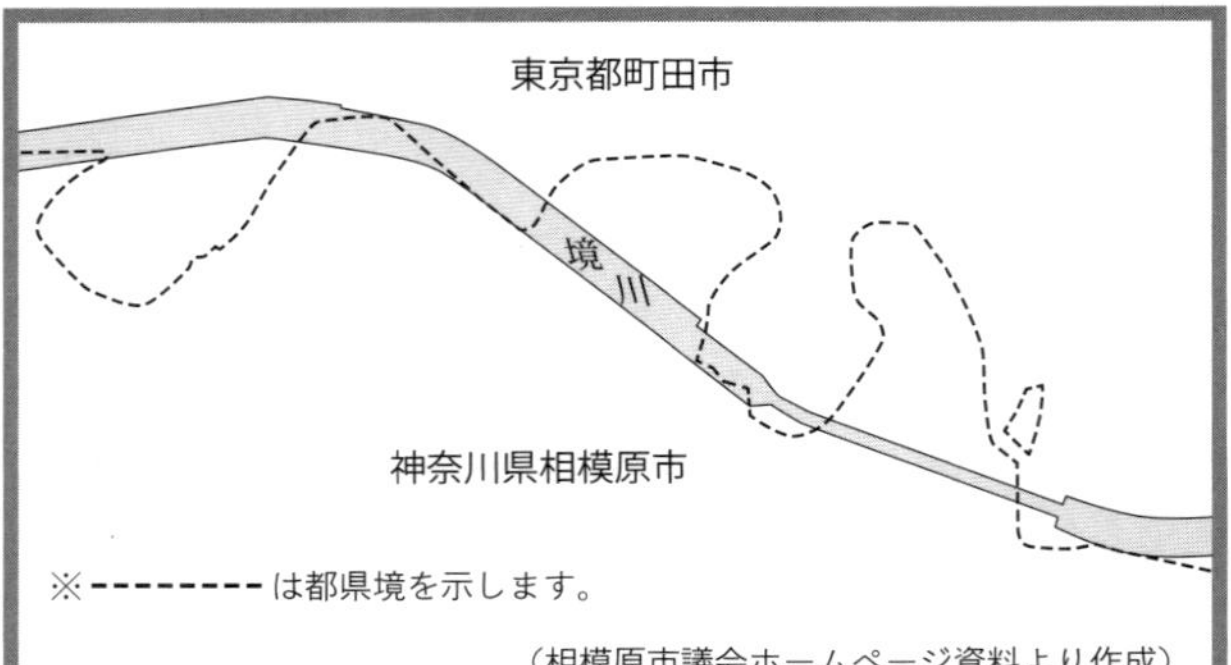

（相模原市議会ホームページ資料より作成）

川の流路をまっすぐにしたため。」となります。

続いてはジェンダーに関する問題です。ここ数年の世相を反映してジェンダーは中学受験では頻出のテーマですが、これをまるでＰＢＬ型授業のような形の問題に仕立てています。

ジェンダー問題について考える

ジェンダーに関する以下の会話文と資料1〜6を参考に、各問いに答えなさい。
娘《むすめ》：毎年、SDGs の17目標すべてを対象にした世界ランキングが公表されているけれど、２０２３年の日本の達成度は何位だと思う?
母：日本はあまり上位ではなかったと思うわ。
父：ニュースで確認したけれど、全体で21位だから上位とはいえないね。
母：特に日本がどの分野の達成度が低いかは理解しているかしら?
娘：日本は、目標5の「ジェンダー平等を実現しよう」が低いと授業で習ったわ。

父：その通り。2023年の日本のジェンダーギャップ指数は世界125位だから、世界と比較《かく》するとジェンダー平等が順調に進んでいるとはいえない状況だね。
娘：ジェンダーギャップ指数って、そもそもなんだろう？
父：ジェンダーギャップとは、男女の違いにより生じる格差のことを言うんだ。ジェンダーギャップ指数とは、毎年公表しているもので、経済活動や政治への参画度、教育水準、出生率や健康寿命などから算出される、男女格差を示す指標のことだよ。
娘：日本は、ジェンダーギャップ指数を世界と比べると、ジェンダー平等が進んでいないってことなんだね。
母：ただジェンダー平等が進んでいる分野もあるわね。例えば、［　ア　］ということで進んでいると言えるわね。
父：確かにそうだよね。
母：一方で、ジェンダー平等が遅れている分野も確かにあるわ。例えば、［　イ　］
娘：そうなのね。どうすれば、日本のジェンダー平等を世界水準に変えられるかな。
父：じゃあ、みんなでジェンダー平等を実現する提案を考えてみないか。

［　　提案　　］

資料1　最大限の育児給付金が給付される育児休業期間（国別）

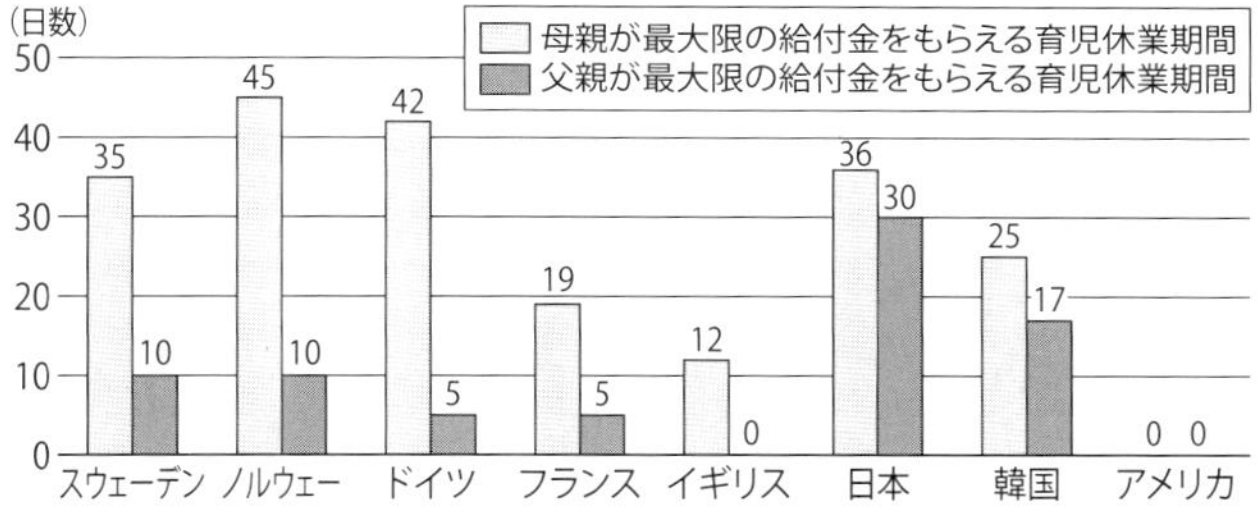

（UNICEF による先進国31カ国に調査より）

資料2　男女別に見た生活時間（週全体平均）（1日当たり、国際比較《かく》）

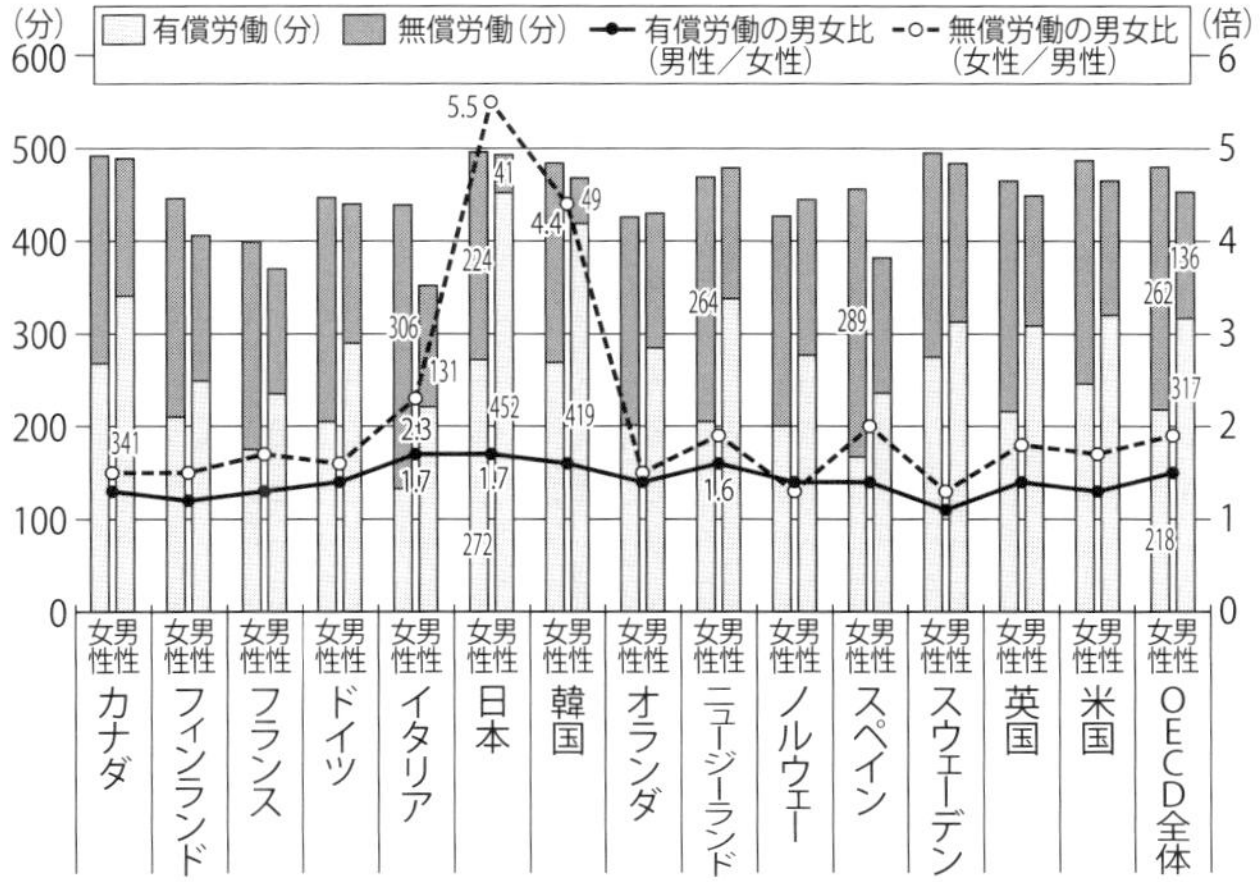

（内閣府男女共同参画局のHPより）

※有償《しょう》労働は、すべての仕事の時間・通勤時間や求職活動の時間などの合計時間
※無償労働は、日常の家事・買い物・ボランティア活動などの合計時間

資料3　就業者及《およ》び管理的職業従事者に占める女性の割合（国際比較）

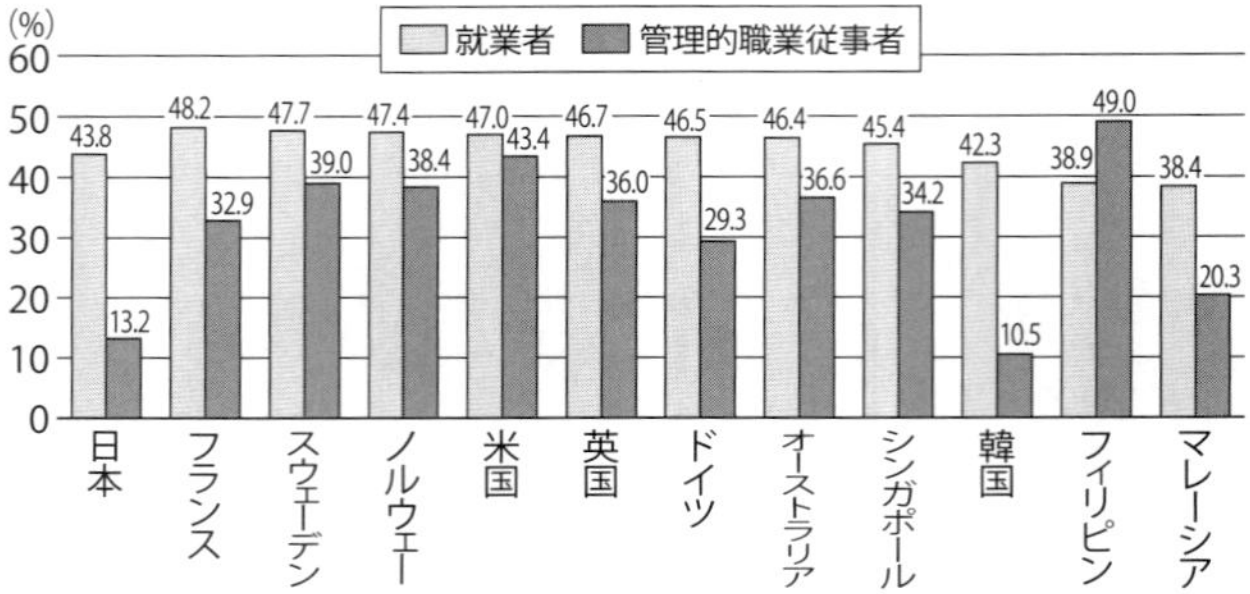

（内閣府男女共同参画局のHPより）

※管理的職業従事者とは、就業者のうち、会社役員、企《き》業の課長相当職以上、管理的公務員などと定義されています。企業内の一定の範《はん》囲内で業務についての権限を持つ者であり、企業によって呼称は異なるが、部門であれば「部長」、課では「課長」に当たる人物が管理職とされることが一般《ぱん》的です。ただし管理的職業従事者の定義は、国によって異なります。

資料4　男女間賃金格差の国際比較

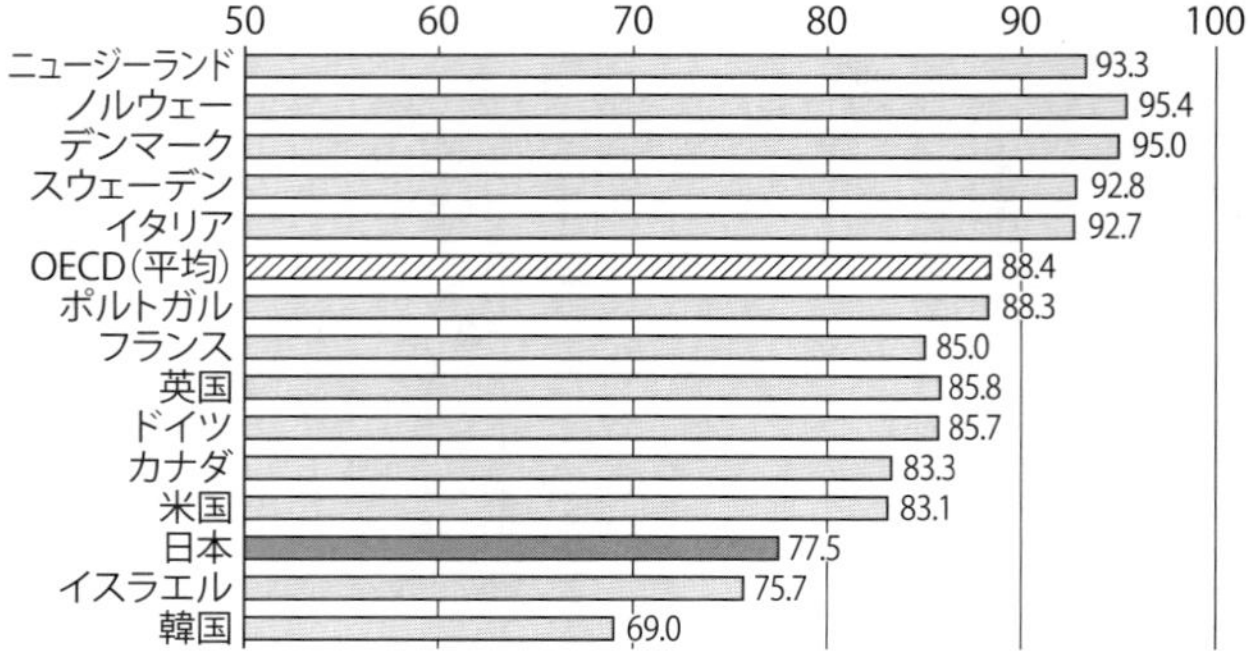

（内閣府男女共同参画局のHPより）

資料5　女性の年齢《れい》階級別労働力率の推移

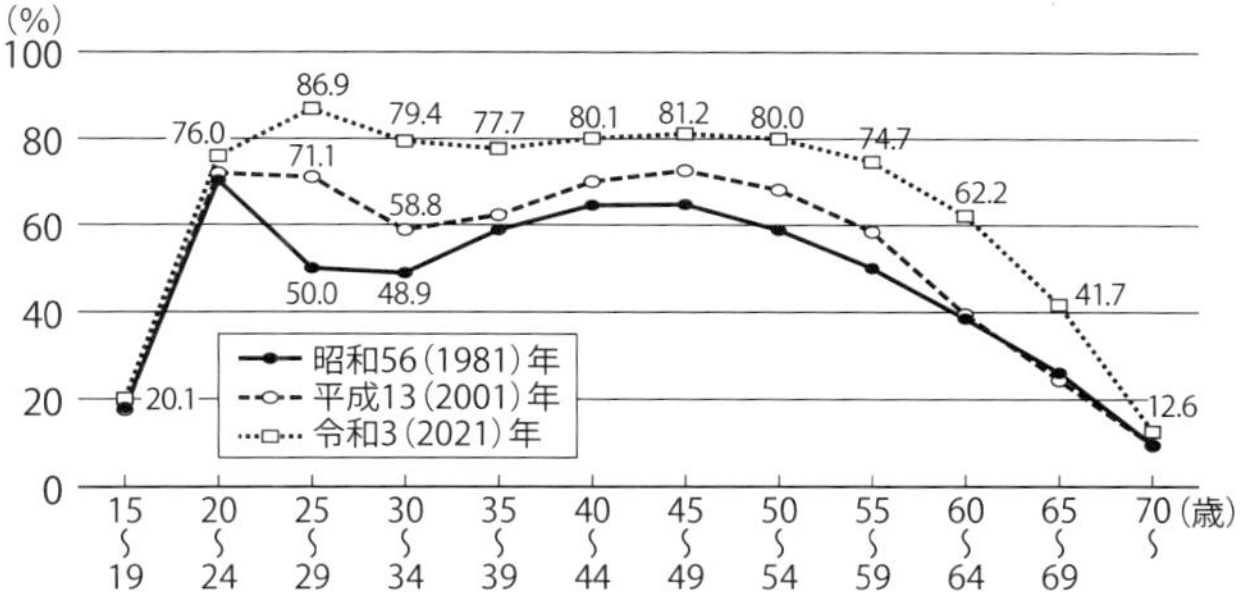

（内閣府男女共同参画局のHPより）

資料6　女性の年齢階級別正規雇《こ》用比率

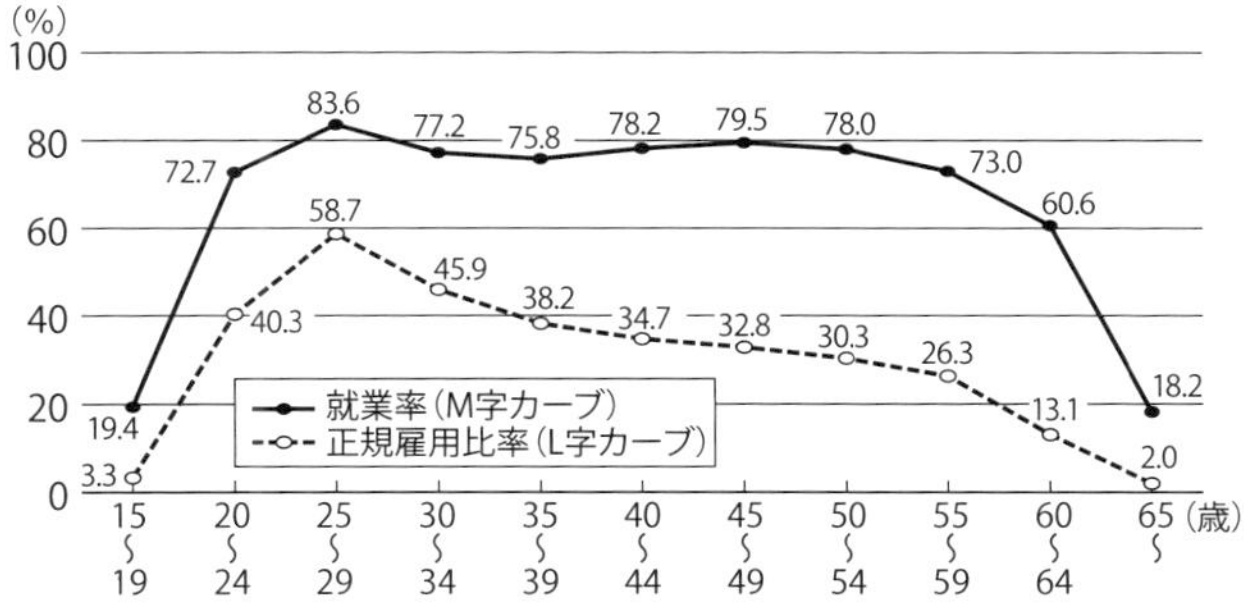

（内閣府男女共同参画局のHPより）

問1　空欄［　ア　］にあてはまる文を1つ考えて述べなさい。
問2　空欄［　イ　］にあてはまる文を2つ考えて述べなさい。
問3　空欄［　提案　］にあてはまるジェンダー平等実現に向けて、自分が考える具体的な提案を述べなさい。

〈三田国際学園2024　第2回〉

問1、問2は本文にヒントがあります。父親の会話の中に、「経済活動や政治への参画度、教育水準、出生率や健康寿命」という言葉が出てきますね。これらの中から考えると、ジェンダー平等が進んでいるのは教育水準でしょう。問1の答えは「女性も男性と同じように教育を受けられる。」といった内容になります。「女性の方が男性より平均寿命が長くなっている。」でも正解になるでしょう。

逆に、遅れているのは経済や政治です。問2の答えは「管理職に女性が就く割合が低いままである。」「政治家の割合は圧倒的に男性が高くなっている。」といった内容が入りそうです。ここまではすぐに思いついたのではないでしょうか。

6点の資料を読めば、より具体的に説明することができそうです。問1、問2は他の視点でも説明できますので、さまざまな観点から考えてみましょう。

たとえば、問1は資料1を使って「最大限の育児給付金を得られる育児休業期間の男女差が小さい。」と答えることもできますし、問2は資料2から「無償労働を女性に依存しており、金銭を得られる仕事は男性中心となっている。」、資料4から「男女の賃金差がOECDの平均値より大きくなっている。」と答えることもできます。正解が一つとは限らないのです。

さらに問3はジェンダー平等実現に向けて自分が考える具体的な提案を述べる問題です。解くのは11歳や12歳の小学生ですから、本格的な解決方法を提案するのは難しいですし、そこまで高度な解答は期待されていないと思います。それでも、すべての仕事を男女の差なく行うように義務づけるといったあまりに非現実的な内容や、皆がジェンダー平等の大切さを考えていくといった理想論に過ぎない具体性のない提案では点を得られません。

一方で、テクニックを駆使して乗り切ることを学校は求めていないのでしょうが、このような問題では「国家がゆるやかに関わる」提案をすると、比較的高い評価を得やすいでしょう。義務付けるか、補助金を出すか、この2点のいずれかを使うと見た目がまともな解答になります。「政府が企業に女性の正規雇用比率を高めるよう義務付ける。」であったり、「男女の賃金格差を縮めた企業に政府が補助金を出して、格差を是正する。」などといった内容です。

何でもテクニカルに解くのは好ましくありませんが、私をはじめ塾講師は、まず生徒が合格できるよう最善の手を尽くそうと考えると、一定の型を教えるようにします。型を身につけた上で、必要に応じて自分の色を出せるような受験生になってほしいと思います。

では、最後に歴史の問題を紹介します。三田国際は歴史の問題までPBL型で驚きます。

唐の皇帝から指摘されたこと

Aさんは、藤原京に都が置かれた時期が、後の平城京と比べて短いことに疑問を持ち、「藤原京」と「平城京」、唐の都「長安」の図を比較し、その理由となる【仮説】をたてた。次ページにある【仮説】の空欄に入る文章として最もふさわしいものを選択肢の中から1つ選び、記号で答えなさい。

【仮説】７０２年に遣唐使を派遣して唐の皇帝に藤原京の図を披露したとき、唐の皇帝から「　　　」を指摘されたため、それらを修正した平城京を造営したのではないか。

ア　都城の領域が非常にせまいこと
イ　都城の周囲が城壁で囲まれていないこと
ウ　都城の城門が１ヵ所しかないこと
エ　宮の位置が北辺ではなく中央にあること

〔藤原京〕

〔平城京〕

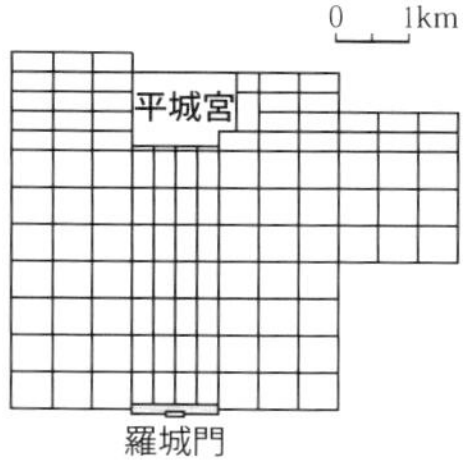

〔唐の長安城〕

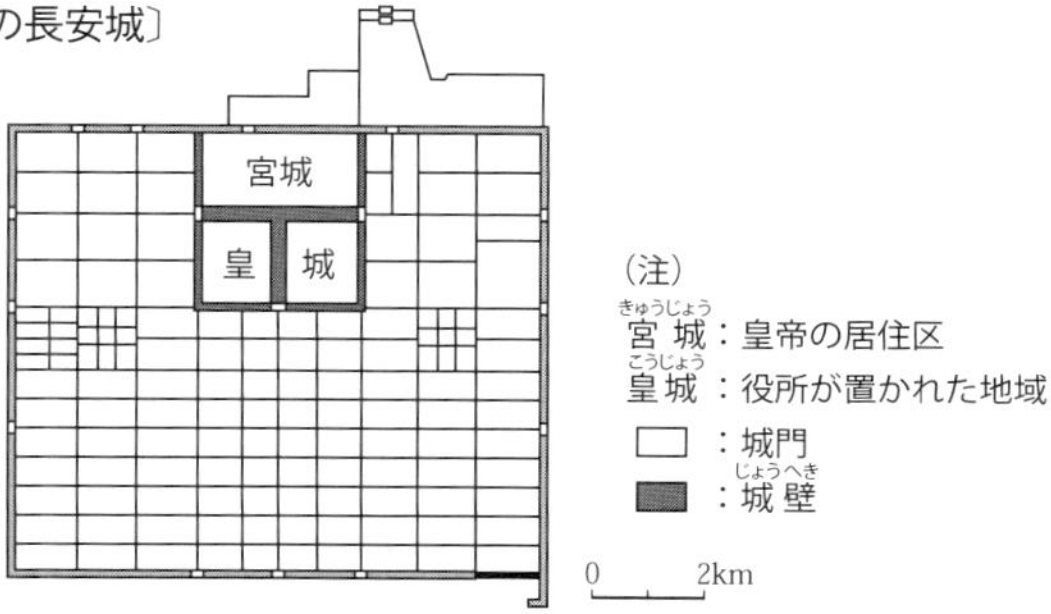

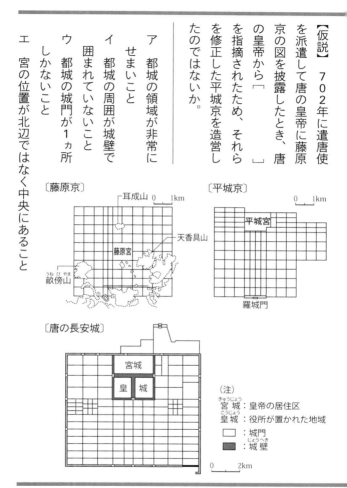

記述問題ではありませんが、仮説を立てる大切さを考えさせてくれる問題です。唐の皇帝から何を指摘されたかなど、多くの受験生はまず知らないでしょう。それでも、資料から推測することはできるわけです。

藤原京と平城京の違いは何でしょうか。まず2つの図を見比べて、違いを見つけるところから始めましょう。近くに山があるか、藤原宮は北ではなく中央に位置している、平城京は藤原京と違って東に突き出ているなど、いくつかの違いに気づきますよね。

では選択肢を見ていきます。アは、山があるとはいえ、都城の領域はほとんど変わりません。決め手に欠けます。イは、どちらも城壁に囲まれていないので正しくありません。唐の皇帝から指摘されたのに無視したことになってしまいますね。ウは、藤原京に城門が確認できないので、1か所しかないと指摘を受けたというのはおかしいですね。エは正しいです。それに平城宮が唐の長安城と同じ配置になっていることからも間違いなくエが正解だとわかります。

前提知識が求められていない問題であるため、ひたすら一問一答の用語集を暗記した生徒にとっては報われない試験だと思うかもしれません。しかし、渋谷教育学園渋谷中など一部の最難関校だけではなく、このタイプの問題を正解できる生徒がこれからの令和の時代では求められるようになってきていると感じます。

知識を大量に暗記して解答することは、ＣｈａｔＧＰＴをはじめ、ＡＩの方が優れているのは自明です。それより、与えられた条件と、自分自身の限られた知識、あるいは常識を組み合わせて一定の推論、結論を導き出す「現場思考力」のある人材が社会で求められており、中学入試にもその萌芽が見られています。三田国際中をはじめ、「先進的」と見なされる学校は特に、今の時代に求められる素養を持っている子や、学校教育の内容に合致した生徒が入学してもらえるといいという考えで問題を作っているのでしょう。単に「英語重視の国際系」「先進的なＩＣＴ教育」というくくりでは判断できない流れを感じます。渋谷教育学園渋谷中の躍進に続き、同じく女子校から共学化した広尾学園中が人気を集めました。次は三田国際中がその流れに乗り、従来の学校とは異なる軸で一定の支持を得て広がりを見せつつあります。

移民・難民に関する問題

ここで2024年の雙葉中の入試問題を紹介します。

> 第二次世界大戦後、ユダヤ教、キリスト教、イスラム教の聖地エルサレムがある地域にイスラエルが建国されると、これをきっかけとしてイスラエルとアラブの国ぐにとの間で戦争が起こりました。その後もこの地域をめぐって、数回にわたり戦争が繰《く》り返され、多くの難民が発生しました。
> 現在もイスラエルとこの地域に住む人びととの間で対立が続いています。この問題を何といいますか。
> 〈雙葉2024〉

2023年、パレスチナのガザ地区を実効支配する武装組織ハマスが、イスラエルに侵攻し、多数の人質を取る事件が起こりました。イスラエルはハマス掃討作戦をかかげ、ガザ地区を攻撃。数多くの市民が戦争に巻き込まれて命を落としています。正解は「パレスチナ問題」です。

授業で「パレスチナ自治区を訪れたことがある」と生徒に話すと、とても驚かれます。危険な場所であるにもかかわらず、どうしてそんな無茶なことをするのかという反応がかえってくるのです。そこで、私が行ったのはヨルダン川西岸でありガザ地区ではないと説明するのですが、それでも怪訝《けげん》そうな顔をされます。西を地中海、南をエジプトに接するガザ地区と、ヨルダン川西岸の違いは小学生には理解が難しいものです。

地図を見るとわかるように、パレスチナ自治区は一つではありません。武装組織のハマスはガザ地区を支配しており、2023年にイスラエルに大規模な攻撃を行っています。私が訪れたヨルダン川西岸でもたびたび紛争が起こっていますが、イエス生誕の地であるベツレヘムの聖誕教会など有名な観光地には多くの人々が訪れています。しかし、イスラエルとパレスチナ自治区を隔てる壁があり、セキュリティチェックがあります。パレスチナ自治区からエルサレムに戻る際にはパスポートを提示する必要もありました。壁が建設

パレスチナ自治区

平和を願うイラストが描かれている壁もところどころで見かける。
著者撮影

された理由は、パレスチナ人がヨルダン川西岸地区とイスラエルを自由に行き来できないようにするためです。

イスラエルが2002年から建設を進めたのは、パレスチナのテロリストが起こす自爆テロから自国民を守るという理由からであり、「セキュリティ・ウォール」と呼んでいました。この壁建設には国際社会からの批判も強く、かつて南アフリカ共和国で行われていた人種隔離政策であるアパルトヘイトと類似しているとして、「アパルトヘイト・ウォール」と呼ばれることもあります。

この壁に描かれている絵も有名です。私も平和を願うさまざまな絵を目にしました。また、イギリス出身の神出鬼没で知られる画家、バンクシーの「花束を投げる人」はパレスチナ自治区のベツレヘム郊外に描かれていました。
このパレスチナ問題、自分の言葉で説明する問題がサレジアン国際で出題されました。

〝あなたはどう思う？〟を大事にした問題

２０２３年、広尾学園の改革の立役者で、学園長として三田国際学園を人気校に押し上げた大橋清貫氏がサレジアン国際学園、サレジアン国際学園世田谷の学園長にも就任しました。そして、本章の冒頭でも少し触れた「あなたはどう思う？」という〝トリガークエスチョン〟を彷彿《ほうふつ》させる入試問題がサレジアン国際学園中学で出題されたのです。

サレジ：パレスチナ問題についてどう思いますか？　私はイスラエルの立場を支持します。
アン：なぜですか？パレスチナ人はイスラエルによって不当に扱《あつか》われていると思いませんか？
サレジ：イスラエルは自国の安全と領土を守る権利があります。パレスチナ人はテロリストや暴力的な抗議者《こうぎしゃ》としてイスラエルに対抗《たいこう》しています。

アン：それは偏《かたよ》った見方だと思います。パレスチナ人はイスラエルによって占領《せんりょう》された土地から追い出されたり、人権侵《しん》害を受けたりしています。彼《かれ》らは自分たちの国家と自由を求めているだけです。

サレジ：でも、イスラエルはパレスチナに対して和平を提案したことがあります。1993年のオスロ合意や2000年のキャンプ・デービッド会談などです。しかし、パレスチナ側はこれらの提案を拒否《きょひ》したり、暴力を続けたりしました。

アン：それはイスラエルの提案がパレスチナの要求に応えていなかったからです。イスラエルはパレスチナの首都としてのエルサレムの承認や、難民の帰還《きかん》権などの重要な問題を無視しています。パレスチナはイスラエルに屈《くっ》することはできません。

サレジ：では、あなたはパレスチナ問題の解決策は何だと思いますか？

アン：私は2国家解決を支持します。イスラエルとパレスチナは国際法や国連決議に基づいて、平等で主権のある2つの国家として共存すべきだと思います。

サレジ：それは理想的な解決策かもしれませんが、現実的ではないと思います。イスラエルとパレスチナの間には深い対立や不信があります。両国が互《たが》いに認め合うことは難しいでしょう。
アン：それでも、私は希望を持ちたいです。パレスチナ問題は長年にわたって多くの人々の命や平和を奪《うば》ってきました。この問題を解決するためには、国際社会や市民社会の協力が必要です。私たちはパレスチナ人の声を聞き、彼《かれ》らの権利を尊重するべきです。

会話文を踏まえて、イスラエルとパレスチナの和平に必要なことを自ら考え、提案しなさい。
〈サレジアン国際学園２０２４〉

ＰＢＬ型授業の入り口となる入試問題です。一般的にパレスチナ問題を考えるにあたって、日本の同盟国であるアメリカと関係の深いイスラエルを支持することが多いでしょう。一方、本問ではパレスチナ側の論理も紹介し、意見の食い違いをそのまま紹介しています。また、パレスチナ問題の解決策にしても、ただ理想を追う立場だけではなく、現実的に難しいという立場も紹介しています。その上で、和平に必要なことを考え、提案するという問いになっています。

ニュースでは見たことがあるとはいえ、国外のテーマについて意見を持っている小学生は少ないでしょう。しかし、「考えたことがない」「習っていない」から解けないというわけにはいきません。こうした問題は、これ、と決まった解答というものは存在しません。与えられた資料と知識や常識を組み合わせて、ある程度合理的な説明ができればよいのです。サレジアン国際学園が「21世紀に活躍出来る世界市民力を身につける」ことを目標に掲げていることも踏まえると、イスラエルとパレスチナの両者の立場の食い違いを認識した上で、あるいは、両者の立場を尊重していることがわかる形で解決策を提示する解答が望ましいと考えます。

〈解答例〉　イスラエルは、かつて国を追われたり、ユダヤ人が迫害されたりして自分の国を守り、発展させたいという思いがある。パレスチナ自治区の人も、イスラエル建国によって土地を追われた人が故郷を取り戻したいという思いがある。相手の立場を知ることで、共同で土地を管理するなど歩み寄れるよう話し合いをするべきである。

大人であれば、解答例に示したような考えは理想論にすぎないと判断するかもしれません。どちらの立場であっても、落としどころにいきつかない過去のいきさつがあります。しかし、まずは相手の立場を理解し、尊重しながら自分の立場も相手に向けて主張していくことが大事だと伝えるのが教育現場の使命の一つでもあります。

ここで紹介したような問題は、ある程度の知識を持ち合わせていることは必要ですが、資料から読み取って、自分の意見を出す力が求められているのです。さきほどの解答例でも、合格できるレベルに達していると思われますが、現実的ではないという批判に対応するためには、次のような解答もありえると思います。

〈解答例〉　イスラエルは自国の安全と領土を守る権利があり、パレスチナは要求が無視され続け、土地を追い出されたり人権侵害を受けたりしていると感じているので暴力的な行為に出ている。両者が歩み寄るのは難しいので、戦争の悲惨さを経験しており平和を大切にしている日本や、より影響力の強いアメリカなどの国や国際連合が介入して、どちらにも完全に納得はできないがどちらの意見も取り入れた国境線を画定していけばよい。

解答例の前半部分は問題文の文章をある程度引用しています。そうすることによって自分が本問の趣旨を理解していることを示しつつ、解答例の後半部分で自分なりの提案をしています。なお取り上げた問題に至るまでに、自衛隊の役割、平和主義に関する設問がありました。それらの問題を使って、日本が果たせる役割を盛り込んだ解答を作るという手もありえます。

ただ、どのような内容、どちらの立場に即した解答を書いても、理想論にすぎないという声は出てくるでしょう。だからといって答えを出せないと諦めてしまうのではなく、自分なりに主張を考え、自分の言葉で説明することはグローバル社会においてはますます求められています。そしてそれは多くの日本人が苦手とするところであり、乗り越えなくてはならない壁でもあります。

サレジアン国際学園は、授業の大半をオールイングリッシュで行うインターナショナルのクラスと本科のクラスが混在した多様性が重視されている教育環境であり、グループディスカッションを重視したPBL型授業を重視するという点で他校との違いがあります。

受験生主体、偏差値重視で受験校を選ぶという傾向がいまだに強いなか、あえて学校側がその教育内容に合致した生徒を求め、生徒を選ぶというスタンスがサレジアン国際学園の問題からうかがうことができます。入試問題は学校のメッセージ、教育方針を伝える役割もあるのです。

第7章　中学入試問題は時代を映し出す鏡

〈鷗友学園女子・広尾学園・ラ・サール・麻布・豊島岡女子・筑波大附属〉

〝書く量〟が多い鷗友学園女子

鷗友《おうゆう》学園女子中は世田谷区にある人気の高い女子校です。2024年には東京大学に13名の合格者を出し、知名度を高めました。「学校にあることがすべて学びにつながる」とする同校は「幕の内弁当」を自負した時期もあります。多彩な国際プログラムを通じてグローバル人材を育成するだけでなく、園芸の授業での花づくり・野菜づくりを通じて土に親しむ体験もできます。私学だからこそ得られる体験を享受できる環境です。

　その鷗友学園女子中の入試問題は独特です。とにかく書く量が多いのです。国語の

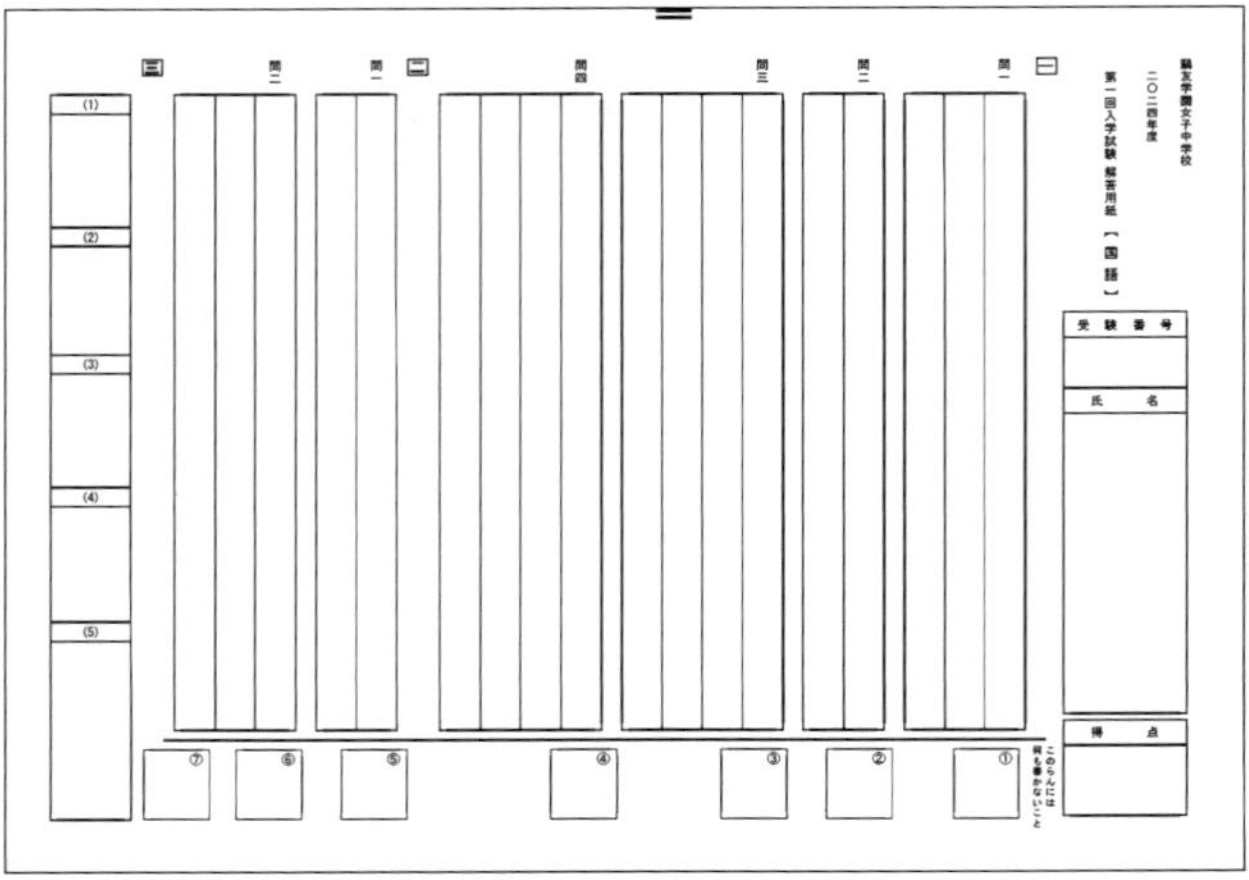
鷗友学園女子中学校
二〇二四年度
第一回入学試験 解答用紙【国語】
受験番号
氏名
得点
このらんには何も書かないこと

鷗友学園女子の国語の解答用紙

解答用紙をご覧になるとそのことがよくわかると思います。漢字以外はすべて記述問題。これほど記述が多い学校はほかに桜蔭などごく一部です。

人間はAIとどう向き合えばよいのか

社会も記述問題の割合が多くなっていますが、その内容にも特徴があります。「現代社会を映し出す鏡」と言えるような出題が多いのです。まずはＡＩから。

> 人間はAIとどう向きあっていけばよいのでしょうか。以下の文章を読んで、問いに答えなさい。
>
> 　AIとは、膨大《ぼうだい》なデータをもとにコンピュータが状況《じょうきょう》に応じて自ら判断をする最先端の技術です。私たちの身近なところでも既《すで》に実用化が進んでいます。例えば医療の現場です。病気や異常がないかを見つけるため、膨大な数の画像診断《しんだん》をすることがあります。この作業を人間が行うと、どうしても［　　　　　　　　　　］ということが起こり得るので、AIを利用することで、高い成果を上げている例もあります。

このようにＡＩが人間に取って代わることがありうる、といわれています。

(1) 文中の［　　　］にあてはまる内容を答えなさい。

(2)「シンギュラリティ」という言葉があります。ＡＩが人間の知能を超《こ》えるとされる転換点《てんかんてん》のことです。この到来《とうらい》を２０４５年と予想している人もいる一方で、「シンギュラリティ」は起こらないという人もいます。

「シンギュラリティ」は起こらないと考える人は、なぜ、そのように考えるのでしょうか。ＡＩにとって不得意であり、人間にとって得意だと思われることに触れながら、答えなさい。

〈鷗友学園女子２０２０ 第１回〉

ちょっと前まではＡＩの利用について懐疑的な声もありましたが、今や日常的に使われています。自動運転技術は実用化されつつありますし、お掃除ロボットが家にあるという人もいるでしょう。

問題(1)は医療に関するものです。人間が行うとどうしても失敗してしまうことがあるけれど、ＡＩを利用すると失敗が減るという内容を書くことが求められています。問題(1)の正解は、「病気や異常を見逃してしまう」です。

続いて問題⑵です。「ＡＩにとって不得意であり、人間にとって得意だと思われることに触れながら」という条件が解答のヒントになっています。

学校が発表した解答例には「ＡＩは、情報を累積し確率に基づき行動するため、予想外のできごとへの対応が不得意であるが、人間は、何もないところから創造することや考えることが得意である。」という内容が入っていました。ＡＩの有用性を認め、活用しつつも、人間だからこそできることを考えてほしいという意図があるのでしょう。

２０２４年にも同様のテーマの問題が出されています。

傍線部について。ChatGPTなどに代表される生成AIについて述べた文章を読んで、以下の問いに答えなさい。

ChatGPTは、知りたい内容を指示文として入力すれば、瞬時《しゅんじ》に会話形式で回答してくれるものです。膨大《ぼうだい》な情報を学習させることで回答が作成されていくため、生成AIといわれています。

生成ＡＩは、人間による調整や判断なしに、インターネット上にアップロードされているあらゆる文章データを学習していきます。知りたい内容が指示文として入力されると、膨大な情報から言葉を選び、その言葉の後にはどんな言葉が続く確率が高いかを判断して、自然な文を作って出力する仕組みになっています。例えば、「犬も歩けば」に続く単語には「旅に出る」よりも「棒にあたる」の方が確率が高いと判断して、回答文をつくっていきます。つまり、生成ＡＩ自体は、文章の意味を理解して回答文を作成しているわけではありません。

ＡＩが作成する回答は、ＡＩが学習するデータの情報量や情報の質に影響されるため、生成ＡＩの回答には問題があるとも考えられています。

生成ＡＩは便利なツールですが、問題点などを理解しておくことが大切です。

生成ＡＩには、どのような問題があると考えられているか、傍線部の内容に着目して説明しなさい。その上で、指摘した問題に対して、生成ＡＩを利用する人はどのようなことに気を付けていく必要があるか答えなさい。

〈鷗友学園女子２０２４ 第１回〉

2020年の問題はAIの不得意分野、人間の得意分野を考えさせる問題でしたが、2024年は生成AIを利用する前提で問題点を認識していくことを求めています。

このような問題を解く際、ヒントになるのは問題文に付された条件です。「傍線部の内容に着目して」とあれば、ヒントが傍線部にあるということです。「データの情報量や情報の質に影響される」というところから、情報の質が低いと言えるものを考え、それによる悪影響の具体例を示せばいいのです。

学校が発表した解答例は以下の通りでした。

「差別や偏見を含む内容が大量に入力された場合、それを反映した回答が生成されてしまうという問題がある。生成AIを利用する人は、自分でも調べたり確認したりして、生成AIの回答だけが正しいと思いこまないように気をつける必要がある。」

現代社会だからこその課題ではありますが、既視感もあります。便利なものが登場したときには、必ず負の側面も語られます。インターネットは便利だが、正しくない情報もあふれているので、自分でも調べたりほかの情報と比較したりして、インターネット上の情報が正しいと思いこまないように気をつける必要があるのです。考え方は変わっていません。テーマが変わっているだけなのです。

ただ、変化も感じます。生成ＡＩ自体が不適切な言葉や差別、偏見をブロックするように日々改善されていることも感じます。人として良くないことをしないという点でも生成ＡＩの方が対応できるようになっていくのかもしれませんし、そうするとシンギュラリティは言われているよりも近いうちにやってくる事象なのかもしれません。

日本の介護の現状を考える

では、他のテーマも紹介していきます。現代社会の課題の一つである介護に関する問題です。

超高齢社会である日本では、高齢者の介護の問題はとても重要です。【資料】は、介護を必要とする高齢者と介護を行う人との関係（２０１９年）をあらわしています。

日本の現在の介護の状況について、

【資料】 介護を必要とする高齢者と介護を行う人との関係（2019年）

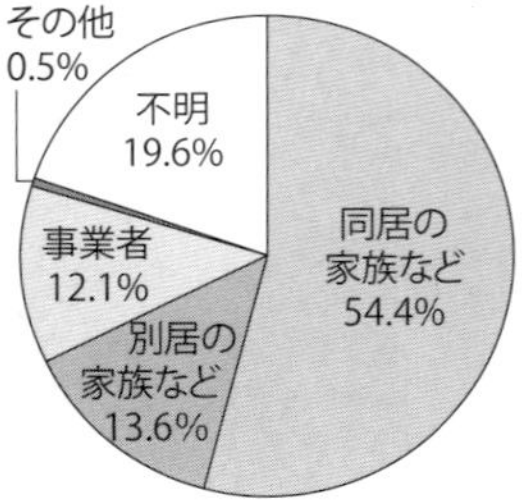

※事業者…自宅や施設で介護サービスを提供する事業者のこと。

（厚生労働省「2019（令和元）年国民生活基礎調査」をもとに作成）

【資料】から読み取った特徴を1つ挙げなさい。さらに、そうした状況で起こり得る問題点を1つ挙げ、その問題点を解決していくためには国がどのような福祉政策を行うことが望ましいか、考えて答えなさい。

〈鷗友学園女子2021 第2回〉

少子高齢化が進んでいること、社会保障関係費が増大して現役世代の負担が増していること、そういう基本的な事柄は中学受験生であれば知っています。しかし、問題のテーマである「同居家族の負担」や「老老介護」までは習っていなかったかもしれません。それでも資料を見ると、同居の家族が介護を行っていることがわかりますから、まず特徴を挙げることはできます。

そこで起こり得る問題点は「家族の負担が重くなること」でしょう。自分の自由な時間が取れないこともあるでしょうし、介護をする側も高齢者という老老介護になっているケースも考えられます。

最後は、国の福祉政策です。同居する家族の負担を減らすことができるような政策を打ち出すことが求められています。学校の解答例は次の内容でした。これは現代社会の課題を小学生なりに考えてほしいという学校の意図を感じる問題です。

〈学校の解答例〉【資料】より、介護が家族によって主に行われていることがわかる。このような状況では、介護を担うために仕事を辞めなければならないということが起こる。高齢者の介護の状況をより良くしていくためには、国の支援によって、家族が介護サービスを利用するのに必要な費用を補助し、事業者による介護を利用する割合を増やしていくことが望ましい。　など

次は国際社会の問題を取り上げます。鷗友学園女子中では自由、平和に関する記述問題が多く出されます。まず核を保有する理由について考える問題です。

なぜ核兵器を持ち続ける国があるのか

> 核廃絶に向けてさまざまな取り組みが行われているにもかかわらず、核保有国の多くは、核兵器を持つことで戦争を防ぐことができると考えており、核兵器は簡単にはなくなりません。

核保有国は、なぜ核兵器を持つことで戦争を防ぐことができると考えているのか、説明しなさい。〈鷗友学園女子２０２１ 第１回〉

現在、核兵器を持っている国は何か国でしょうか。保有を公表していない国もあるでしょうが、核保有国とされているのは９か国です。まず、アメリカ（米）、ロシア（露）、イギリス（英）、フランス（仏）、中国（中）。いずれも国際連合の主要組織である安全保障理事会の常任理事国です。５大国と呼ばれることもあります。これらの国は核拡散防止条約（ＮＰＴ）を締結しており、米、露、英、仏、中の５か国を「核兵器国」と定め、「核兵器国」以外への核兵器の拡散を防止することになっているほか、原子力の平和的利用を規定しています。日本もこの条約を締結しており、締結していない国はインド、パキスタン、イスラエル、南スーダンなどわずか。北朝鮮はのちに脱退を宣言しています。ＮＰＴ不参加の国で核兵器の保有を宣言している国は、インド、パキスタン、北朝鮮の３か国、イスラエルも保有していると考えられます。

では、なぜそれらの国は核兵器を持ち、それによって戦争を防げると考えているのでしょうか。それは、他国から侵略されにくくなるからです。もし核保有国を攻撃した場合、報復として核が搭載されたミサイルを撃ち込まれるかもしれません。そう考えて攻撃しなくなるという抑止力があるという考え方です。

正解は「核保有国を攻撃すると、核兵器で反撃されると考えるため、核保有国は自国への攻撃を思いとどまらせることができると考えているから。」といった内容になります。

もちろん、だから各国が核兵器を持つべきということにはなりません。

この問題の2年後には次のような問題が出題されています。

2022年6月に、第1回核兵器禁止条約締約国会議が開かれました。日本は条約に参加しておらず、会議にも参加しませんでした。【資料】を読んで、問いに答えなさい。

【資料】日本の立場

条約には、核兵器を保有する国々が参加していない。日本が加わって議論をしても、実際に核廃絶にはつながらない。

日本としては、核兵器保有国と非保有国が加わる核拡散防止条約（ＮＰＴ）の再検討会議の枠組みなどを通じて双方《そうほう》の橋渡しとなり、現実的に核軍縮を前に進めることを優先する。

【資料】に触れられていない、日本が核兵器禁止条約に参加しない理由として考えられることを答えなさい。一方で、国内外から、日本こそ条約に参加するべきだという意見が数多く出る理由を、日本の歴史を踏まえて説明しなさい。

〈鷗友学園女子２０２３　第１回〉

核兵器禁止条約は、２０２１年に発効した条約で、核兵器の開発、実験、製造、取得、保有、貯蔵、移譲、使用、使用の威嚇などの行為を、いかなる場合にも禁止しています。第１回締約国会議が２０２２年にオーストリアのウィーンで行われたことが２０２３年の出題につながったと思われます。

日本はこの条約に参加していません。広島、長崎に原爆が投下され、第五福竜丸事件でも被ばくしているにもかかわらず、です。それは、日本がアメリカに守られているからです。核兵器を持っている国が、核兵器を持たない同盟国の安全を守ることを「核の傘」と言いますが、アメリカとの間に日米安全保障条約を結んでいる日本は、核兵器自体には反対ができないのです。もちろん、これには反対意見も強くあります。「日本こそ条約に参加するべき」理由があり、「日本の歴史を踏まえて」説明することが求められています。となると、やはり広島、長崎の原爆投下ということになるでしょう。学校の解答例は次の通りです。

〈学校の解答例〉　日本はアメリカの核の傘に守られている（日米安全保障条約がある）ため参加しない。一方で、唯一の戦争被爆国であるため参加するべきといわれる。

日本を取り巻く安全保障環境は厳しさを増しており、防衛関係費の大幅増額も決まりました。日本の平和を守るにはアメリカとの同盟にばかり頼るのではなく、自国で守れる軍事力を持つべきだという意見から、防衛関係費を増やすことなく、憲法9条、平和主義を遵守し、アメリカ寄りの姿勢を改めるべきだという考えまで幅広くあります。中学受験において、右、左とどちらの立場かを論じさせる問題は出題されませんが、現状認識だけは持ってもらいたいということなのでしょう。

ここまで、鷗友学園女子中の「現代社会を映し出す鏡」といえる中学入試問題を紹介してきました。時事的な内容が出されていますが、用語をたくさん詰め込んで暗記で勝負する問題ではないことが伝わったのではないでしょうか。その時々の社会を反映した、骨太な問題が出されているのです。

東京ディズニーランドの料金

広尾学園は、この数年で一気に難関校入りした有名校です。渋谷教育学園渋谷同様、もともと女子校でしたが共学化に伴い改革が行われ、今では先端的な教育といえば広尾学園と認識されています。サイエンスラボなど施設が充実していること、「インターナショナルコース」があり英語教育に力を入れていること、「医進サイエンスコース」も設けており、専門的な研究をしたり、専門知識を身につけることができるなど、伝統校の対極に位置するように見られています。

広尾学園中でも、「現代社会を映し出す鏡」といえる入試問題が多く出題されています。なお、入試問題は非公開となっている回もあるため、公開されている2024年2月1日午前、2022年2月1日午後に行われた入試問題から取り上げることにします。まずは、東京ディズニーランドの料金に関する問題です。

近年は、原料高、人件費高騰《とう》などといった様々な理由から多くの商品が値上がりをしています。みなさんの中で大好きな人が多いディズニーランドにおけるパークチケットの価格も2023年10月に値上げをしました。元々、大人料金は7900～9400円でしたが、10月1日以降は7900～10900円になっています。ただ、よく見ると、最高料金は値上がりしているものの最低料金には変化がなく、値段の幅が広がっています。このような商品の値段に幅がある仕組みは「ダイナミック・プライシング」と呼ばれます。そのときそのときの消費者の需要の量やその予測、商品やサービスの供給の状況に基づき、値段が変化します。左の図を見てください。人が混む土曜日や日曜日の値段が高くなっており、平日は比較的安くなっています。このような例は、チケットだけではなく、ホテルや電車の利用、洋服や食料品でも行われています。近年ではＡＩなどによる予測や電子タグを利用して細かな値段設定が行われるようになってきています。高速道路では特定の時間や区間で、道路の混雑状況などに応じて料金を変動させることで混雑緩和を目指す「ロードプライシング」も導入されました。

需要の少ない日に利用する消費者にとってメリットの大きい「ダイナミック・プライシング」ですが、この仕組みは導入する側の企業にとってもメリットがあります。企業側のメリットを２つ、わかりやすく説明しなさい。

〈広尾学園２０２４　１回〉

図　東京ディズニーランド　2024年１月前半のパークチケット料金（11月時点）
（単位：円）

日	月	火	水	木	金	土
31	1 ○ 10900	2 ○ 10900	3 ○ 10900	4 ○ 9400	5 ○ 9400	6 ○ 10900
7 ○ 10900	8 ○ 8900	9 ○ 7900	10 ○ 7900	11 ○ 7900	12 ○ 7900	13 ○ 9900
14 ○ 9400	15 ○ 7900	16 ○ 7900	17 ○ 7900	18 ○ 7900	19 ○ 7900	20 ○ 9900

東京ディズニーランドホームページより作成。

2つ答える問題ですから、似たようなことを書いても評価されません。できるだけ異なる視点で考えていくとよいでしょう。そこで、売り上げと経費という観点でメリットを考えていきます。

まず売り上げです。需要が高い週末は値段を高くしてもたくさんの集客を見込めます。一方、需要が少ない平日を安く設定して本来呼びにくい日の集客を増やすことができます。売り上げの最大化をはかることができる点はおそらくここまで読み進めた読者なら思いついていたと思います。なお、これまでも「ホテルの週末料金が高い理由」など他校で出題されたことのあるテーマです。あとひとつ答えるとなると悩む方も出てくるでしょう。

次に経費の面から考えてみます。東京ディズニーランドのキャストはアルバイトが多いとは言え、正社員を中心に固定費がかかります。また、施設を稼働するにあたって、水道光熱費なども同じようにかかります。平日にまったく客が入らなくても費用は同じようにかかるのです。平日の客数を増やそうとすることで設備や人員の無駄を減らし、有効に活用することが望めます。解答例は次の通りです。

・もともと需要が高い週末の料金を高くして、売り上げを最大化することができる点。

・もともと需要が低い平日の客数を増やし、設備や人員の無駄を減らし有効活用できる点。

このように、ディズニーランドという小学生にとって身近な話題から経済用語であったり、メリットを考えさせたりするところは広尾学園中らしい問題と感じます。次は、LINEやInstagramが問題に登場します。

「フィルターバブル」と民主主義社会

> みなさんは一日にインターネットをどのくらい使っていますか。インターネットには様々な使い道がありますが、情報を得るために使うという人が多いようです。YAHOO《ヤフー》ニュースやLINE《ライン》、はたまたFacebook《フェイスブック》やInstagram《インスタグラム》など、私たちは様々なインターネットサービスから情報を得る時代に入っています。これらのサービスはその場ですぐに欲しい情報が調べられますし、多くの人が注目しているニュースもすぐにわかります。新聞社もインターネットを用いて情報を提供しており、新聞が発行されるよりも前に情報を知ることもできます。さらにインターネットでは、利用している人が普

段よく見ている情報をもとに、サーチエンジンなどの学習機能によって、利用者が好むと思われる情報が優先的に表示されます。これは探さなくても知りたい情報が入ってくるため大変便利です。一方で、このような状況は「フィルターバブル」と呼ばれています。この言葉は、私たちがバブル（泡《あわ》）の膜《まく》に包まれているような状態をたとえた言葉ですが、情報が自動的に提示されることにより、自分の興味のない情報が入ってこないことを表しています。このような状態は、私たちの民主主義社会において、大きな問題があると言われています。

民主主義社会において、このフィルターバブルという状態は、なぜ問題なのでしょうか。民主主義社会がどのような社会かを述べた上で、なぜ問題なのか、説明しなさい。

〈広尾学園２０２２　１回〉

私はX（旧 Twitter）を使って中学受験情報の発信をしながらさまざまな情報に接しています。表示されるのは中学受験情報や、私の興味のある旅行、政治など特定の分野が多くなっています。ＳＮＳを活用することで世間のトレンドを知ることができるものの、中には差別や偏見、誹謗中傷も目にすることになります。一度そういうものを見ると、自分が見た内容を興味のあるものだとＡＩが判断し表示する内容が変わってきますから、気づかないうちに情報の偏りが生じてきます。そして、多くの人が同じように思っているのだと認識してしまいそうになるのです。

もし、特定の外国人に対して差別、偏見を含む内容を続けて見ていけば、表示される投稿も「日本から出ていけ」といったより過激な主張ばかりになるでしょう。客観的に物事を考えるのが難しい時代になっています。それだけでなく、自分がその瞬間に興味を持っていない情報に接することが減るので、受け取る情報の分野も偏ることになります。本を読まず、スマホばかりを見ていると、たくさん検索して情報に接しているのにもかかわらず、知らず知らずのうちに幅広い教養が失われていくように思います。

さて、フィルターバブルの問題点は簡単ですが、「民主主義社会において」という条件で答えなければなりません。もし思いつかないという場合には、対比を使ってみてください。民主主義と対比されるのは専制主義、独裁主義です。そうすると、民主主義は表現の自由があり、規制が少ないという特徴が見えてきます。あるいは、国民自身が政治のあり方を決めていく特徴があるので、フィルターバブルが悪影響を及ぼす視点も思いつきます。

解答例は政治のあり方に関する視点で作ってみます。「自分の興味がある情報や同じ立場の意見ばかり目にするようになるため、客観的に物事を考えにくくなってしまう。とくに、政治のことは国民の意見で決めていく民主主義社会で、自分の意見が正しいと思い込み、多様な意見を排除する姿勢の国民が増えると、民主主義の基盤が崩れるから。」

フィルターバブルに関する問題は、2024年度の全国学力・学習状況調査（全国学力テスト）でも出題されました。中学3年生の国語の問題で、大問一つを使って取り上げられたのです。私たちがスマホなどの情報機器を利用していると、知らず知らずのうちにそのユーザーに最適化された情報ばかりに触れることになります。それは皆さんが今、この本を読んでいるような能動的な行為ではありません。社会問題化しつつあるこのテーマをいち早く取り上げた、広尾学園中らしい問題と感じます。

消防活動や郵便番号について問う

ラ・サール学園は鹿児島県鹿児島市にある男子校です。1学年、約200名というやや小規模の学校ですが、2024年には、卒業生199名のうち、37名の東大合格者を出し、一定の存在感を見せています。また最近では、現役国公立医学部37名の合格者を出すなど、医歯薬系の大学進学に強みを持つことでも知られています。

そのラ・サールには寮があることは有名ですが、全寮制ではなく、全体の6割ほどの生徒が寮生活、残り4割は鹿児島県在住で自宅から通っています。

オーソドックスな問題が多いラ・サールですが、思わず意表を突くような問題も時々出題されています。

火事が発生したとき（　　　）番に電話をすると、まず通信指令室につながります。通信指令室では、火事の情報をもとに現場に近い消防署や病院、警察署などに連絡《れんらく》し、協力して消火を目指します。

問1　文中の（　　　）に適する数字を答えなさい。

問2　消防活動について述べた次の文ア～エのうち、誤りを含《ふく》むものを1つ選び、記号で答えなさい。

ア　消防署員は、夜間の火事などに対応するために原則24時間交代で勤務する。

イ　住宅には、火災警報器を取り付けることが法律で定められている。

ウ　消火活動をしやすくするため、道端《みちばた》のあちこちには消火栓《しょうかせん》が設置されている。
エ　消防団員は防火の呼びかけなどを行うが、消火栓などの消防施設《しせつ》の点検は行うことができない。
〈ラ・サール2022〉


問1はだれが間違えるのだろうという問題です。この問題の正答率は90％以上だったと推測しています。では、難関校のラ・サール中学でなぜこういう問題を出すのでしょうか。それは、日常生活における常識を身につけてほしいという学校側のメッセージが込められていると思われます。正解は「119」。誤答は「110」なのでしょうが、さすがにそれは警察の番号だとわかっていそうです。

問2はテクニックを使って正解できる問題です。ウは明らかに正しいとわかりますし、おそらくイも法律で義務づけられているだろうと考えられます。アも24時間交代かどうかはともかく、夜間の火事などに対応できるようにしているはずです。そうすると正解は消去法で「エ」だとわかります。

では、そのテクニックとは何かというと、「消防施設の点検は行うことができない」が明らかにおかしいということです。仮に何の点検もできないのであれば、消火栓などの消防施設は有効性がなく、その存在意義が問われかねません。すべて点検ができないことはありえないので、この問題を作った先生は、「消防施設の点検ができる」ことを知っていてこの選択肢を用意したのでしょう。

なお、消防団は地域の住民や通学、通勤している人で構成されており、普段は会社に勤務している人や自営業をしている人などが多いようです。災害時だけに消火活動をするのではなく、日頃から防火指導や防火設備が整っているかどうかの点検も行っているのです。

続いての問題です。

下の切手は、日本で郵便番号が導入されたころに発行されたものです。

(1) 当時の郵便番号は３ケタまたは５ケタでしたが、現在の郵便番号のケタ数はいくつですか。

(2) 郵便番号が導入された理由を述べなさい。

〈ラ・サール２０２４〉

ラ・サール中学の問題でここまで常識問題があるのかと驚くかもしれません。九州のトップレベルの学校ですから正答率は高いと思いますが、この問題は先ほどの火事の119番に関する問題よりも正答率が低かったのではないかと思われます。年賀状を出す習慣がなくなり、めったに手紙を出すことがなくなったからです。もしかすると、自分の家の郵便番号すらわからない受験生もいるかもしれません。

(1)の正解はもちろん「7ケタ」。これも、日常生活における常識を求めている問題です。(2)は中学受験生にちょうどよいレベルの良問です。郵便番号が導入された理由など、ふだんはあまり意識することはないけれども、問われることがあれば考えることができる問題です。一方、満点を目指すことができるような、そう簡単な問題でもありません。「郵便番号で発送先の仕分けを楽にするため」でも得点は与えられると思いますが、それでは完全な正解とは言えません。切手をよくよく見ると、北海道は入っていますが、沖縄は入っていないことがわかります。つまり、沖縄がアメリカの占領下にあるときに発行された切手であると考えられます。となると、明治時代ではなく、昭和時代の後半のことであるということがわかり、別の理由を考える必要があるのです。

ただ「仕分けを楽にするため」に郵便番号が導入されたとするならば、郵便制度が整えられた明治時代から郵便番号があってもよいことになります。正解は「郵便番号を機械で読み取り、効率よく仕分けるため」。

ここで紹介した二つの問題は、どちらも一つめの小問で社会常識を問い、二つめの小問で学校や塾の授業では習わないであろうことでも、無理なく考えさせるという共通点がありました。中学入試に向けた学習が、日常生活から離れたものであってほしくないというメッセージ性を感じる問題は他校でも見られます。

日本の発酵食品

麻布中学は東京都にある男子校です。2024年には東京大学に55名の合格者を出すなど、名門校の一つとして、男子御三家の一角とも評されています。なお、男子御三家とは開成、麻布、武蔵を指し、女子御三家とは桜蔭、女子学院、雙葉を指します。

自由な校風として知られる麻布の入試は、教養や思考力を試すおもしろい問題を出すことでも有名です。前著『超難関中学のおもしろすぎる入試問題』でも麻布中学の問題を多く取り上げましたが、本書では、「食」に関する問題を二つ紹介します。

ぬか漬けとは、精米する時に出る「ぬか」を利用した日本の伝統的な発酵《はっこう》食品です。おもに米を利用した発酵食品ではないものを、下のあ～おから1つ選び、記号で答えなさい。

あ　みりん　　い　日本酒　　う　酢《す》

え　しょうゆ　　お　甘酒《あまざけ》

〈麻布2021〉

ここまで読み進めてきてくださった読者のみなさんは、おそらく、教養を備えた方が多いと思いますので、この問題は簡単だと思われたかもしれません。しかし、これを解くのは小学生です。みりんと言われても、何のことか想像がつかない小学生は一定数いるものと思われます。

正解は「え」。しょうゆの主な原料は、大豆、小麦、食塩です。大豆は蒸し、小麦は炒ってくだき、こうじ菌を加えてこうじをつくります。こうじに食塩を含んだ水を加えて発酵、熟成させてつくっていくのです。米は使わず、大豆などを使ってつくることは受験生であれば知っているでしょう。しかし、みりんの原料にもち米や米こうじを使うこと、日本酒や甘酒にも米や米こうじが使われることは知らないかもしれません。酢は穀物、果実、野菜などさまざまなものを原料としますが、米酢を思い浮かべれば米を利用した発酵食品の一つと推測できそうです。

なぜ猪を「ぼたん」と呼ぶのか？

続いての問題です。

鎌倉《かまくら》時代から江戸《えど》時代のあいだに、人びとは、四つ足の動物の肉に下の表にあるような別名をつけて食べるようになりました。このような別名をつけて食べていたのはなぜでしょうか。理由を答えなさい。
〈麻布2021〉

動物	別名
猪《いのしし》	ぼたん
鹿《しか》	もみじ
馬	さくら

さすが麻布だなと思わず唸ってしまう問題です。そこそこの教養があればすぐに正解できますし、知らなかったとしても問題文から正しい答えを推測できるようになっています。問題文中にある「鎌倉時代から江戸時代のあいだ」という箇所が大きなヒントです。牛

肉など、肉を食べることが一般的になったのは明治初期のことです。江戸時代の終わりに鎖国をやめ、外国との貿易が始まる中で欧米の文化が入ってきました。日本は、不平等条約を結ばされて立場が弱かったこともあり、何とか外国の文化、制度を取り入れ、欧米に追いつこうという目標を持っていました。そんな状況で牛鍋など肉を食べる文化も広まっていったのです。

では、なぜ江戸時代に肉を食べることが広まらなかったのでしょうか。それには仏教の影響もありました。五戒《ごかい》の一つに「不殺生」があります。死後、地獄に堕《お》ちることがないように、生き物を殺さない方が望ましいという意識が人々の間にあったのです。だから、猪を「ぼたん」と敢えて植物の名で呼ぶことで、猪の肉を口にしても、それは猪を食べていない、つまり、名前を替えることで表向きは肉を食べていないことを装っていたのです。

また、問題文中の「鎌倉時代から」の箇所も絶妙なヒントです。日本に仏教が伝わったのは6世紀ですが、鎌倉時代になってからは民衆の間にも広がり、浄土宗や浄土真宗、日蓮宗などが信仰されました。そういう理由から、仏教で禁じている食べものを避けることが必要になっていったのでしょう。正解は「肉食は仏教の影響で避けられていたため、植物の名前にして隠れて食べることにしたから。」といった内容となります。あるいは、罪悪感を薄れさせるため、という書き方でもよいでしょう。
牡丹鍋、桜肉という言葉を耳にすること自体が小学生にはあまりないかもしれませんが、なぜ「ぼたん」「もみじ」「さくら」という別の名前になっているのだろうという疑問を持ち、調べてみようと思う生徒であればわかる問題でした。
なお、実際には隠れてこっそり動物の肉を食べていたというほどではありませんでした。街道の宿場町では「山くじら」という看板を出し、猪鍋を提供する居酒屋があったり、「ももんじ屋」と呼ばれた店では、さまざまな動物の肉を提供していたりしていたのです。もちろん肉食は一般的であったとまでは言えません。福澤諭吉の『福翁自伝《ふくおうじでん》』では肉食について次のように記されています。

其の時大阪中で牛鍋を喰わせる処は唯ただ二軒ある。一軒は難波橋《なにわばし》の南詰、一軒は新町の廓《くるわ》の側にあって、最下等の店だから、凡《およ》そ人間らしい人で出入する者は決してない。

これは福澤諭吉が緒方洪庵《おがたこうあん》の「適塾《てきじゅく》」で蘭学を学んでいた江戸時代後半の話です。なお、このように振り返る福澤諭吉も豚の屠畜《とちく》を請け負って、煮て食ったというエピソードを記しています。好奇心を持って試したところは福澤諭吉らしいと思います。

麻布中は教養を問う独自性のある問題が多く出題されていますが、ゼロから解答を考えるということを求めている問題はほとんどありません。受験勉強を通じて、あるいは日常生活の中で身につけた知識を活用しつつ、資料を使ったり、問題文からヒントを得たりして答えを導き出す問いも出題されています。

あみだくじの語源の仏さまは?

豊島岡女子学園は東京都にある女子校です。2024年には東京大学に26名の合格者を出すなど女子校の中ではトップクラスの実績を誇っています。有名なのは、毎朝5分間の「運針」です。各自が用意した1mの白布に赤糸をひたすら通すことを通じて、集中力を養います。授業見学に行くと、いつも笑いの起こる活気ある授業でありながら、姿勢が乱れる生徒を見かけることがありません。

豊島岡女子学園でも名称の起源や理由を問う問題が出されました。

仏像や仏画となる仏にも様々な種類があります。平安時代中期以降に多くの人々からの信仰《しんこう》を集め、下のようなくじの語源ともなっている仏の名称《めいしょう》を、解答らんにある「仏」を含《ふく》めて4字で答えなさい。

〈豊島岡女子2023〉

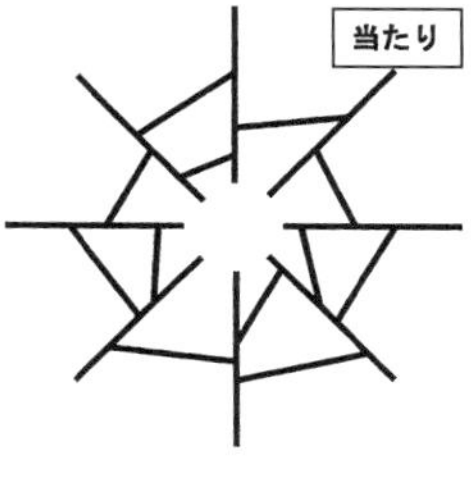

この問題は、まずはシンプルにこのようなくじを何というかということを考えてみれば、すぐに思い浮かぶのではないでしょうか。「あみだくじ」ですよね。というわけで、正解は「阿弥陀仏」。もし、あみだくじが思い浮かばなかったとしても、問題文から仏教に関連する内容で、平安時代中期以降の仏であるということを考えると、「阿弥陀仏」ではないかと気づくことができるはずです。平等院鳳凰堂や中尊寺金色堂は平安時代、阿弥陀仏が信仰される中でつくられた阿弥陀堂です。

では、あみだくじの名前の由来を紹介します。もともと、今のようなはしご状ではなく、問題の図にあるような放射状のかたちをしていました。この放射状、という点がヒントです。阿弥陀仏と放射状の線を頭の中でリンクさせることができるでしょうか。これは、阿弥陀仏が出る後光を表したものだったのです。

「あみだくじ」は小学生でも馴染みのある言葉です。身近な言葉が、実はもともとは歴史と関わりがあるということを意識させる問題でした。

根拠のないうわさ話を何という?

次は日常生活で使用する頻度が高い用語を問う問題です。

> 「民衆を導く」という言葉にその語源が由来している、現代でもたびたび広まる根拠《こんきょ》のないうわさ話を何といいますか。カタカナ2字で答えなさい。
>
> 〈豊島岡女子2023〉

2024年は東京都知事選挙、衆議院議員総選挙、兵庫県知事選挙などにおいて、SNSが積極的に活用されたことが話題となりました。SNSを使い、候補者の人柄、主張などをうまく拡散させた候補がいたことで、選挙結果に大きく影響したと言われています。

そこでは、「フィルターバブル」という言葉が注目されました。ある動画を視聴すると、関連する動画がおすすめとして出てきやすくなります。似たような主張をたびたび目にすることによって、自分自身の考えや投票行動に影響が出るようになったのです。それだけでなく、相手候補への印象操作が行われたり、事実かどうかわからない主張が真実性をもって語られたりすることで、世論をつくりだすこともできると広く知られました。これまでは、ＳＮＳには真実も含まれるが嘘も多いと認識されていました。しかし、新聞やテレビなどの既存のメディアも特定の意図をもって世論を誘導していると考える人が増えたことで、相対的にＳＮＳの信憑性が高まったのでしょう。

さて、ここでなぜ政治の話題を持ち出してきたのかというと、この問題に大きく関係しているからです。正解は「デマ」。ドイツ語の「デマゴギー」の略であり、このデマゴギーは、政治的な目的で相手を誹謗し、相手に不利な世論をつくりだすために流す虚偽の情報のことです。

さらに、虚偽の情報やあおるようなスローガンを掲げ、民衆を意図した方向に誘導しようとする政治家のことを「デマゴーグ」、あるいはギリシャ語では「デマゴゴス」といいます。アテネで民会が行われていた古代とは異なり、動画メディアを含めたＳＮＳが用いられる現代ではありますが、似たような現象が見られます。アテネの民主政治は衆愚政治におちいったとされています。日本の政治も同じ轍《てつ》を踏むことがないよう、国民が自覚的に情報を取捨選択する力が求められています。

日常生活の中で何気なく使っている言葉が、実は公民や歴史と深く関係していることを感じさせてくれるおもしろい問題でした。

自然災害伝承碑

最後に、現代社会の課題の一つである災害に関連する筑波大附属中の問題を取り上げます。筑波大附属中は共学の国立校です。都心部にありながら敷地も広く、日本の教育をリードするさまざまな取り組みを実践しています。

> 筑波《つくば》さんは日本全国の自然災害伝承碑の分布を調べました。次の①~③にそれぞれあてはまる自然災害の説明文を、次のア~ウの中から選びなさい。
>
> ア　台風や発達した低気圧が海岸部を通過する際に海面が高まることで発生する災害

イ　地震《じしん》や火山活動などによって海底や海岸の地形が大きく変化した際に生じる大規《き》模《ぼ》な波による災害

ウ　大雨や地震に伴《ともな》うがけ崩《くず》れ、地すべり、土石流などによる災害

①の分布

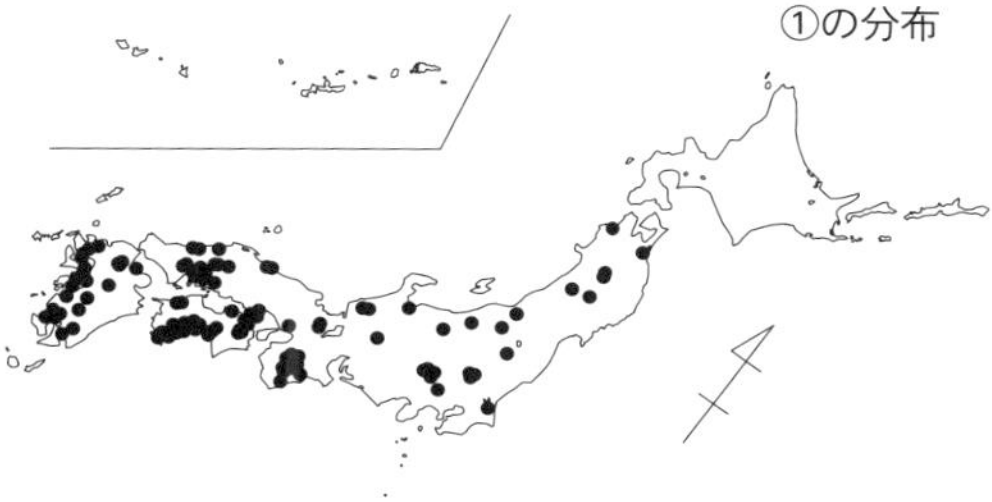

②の分布

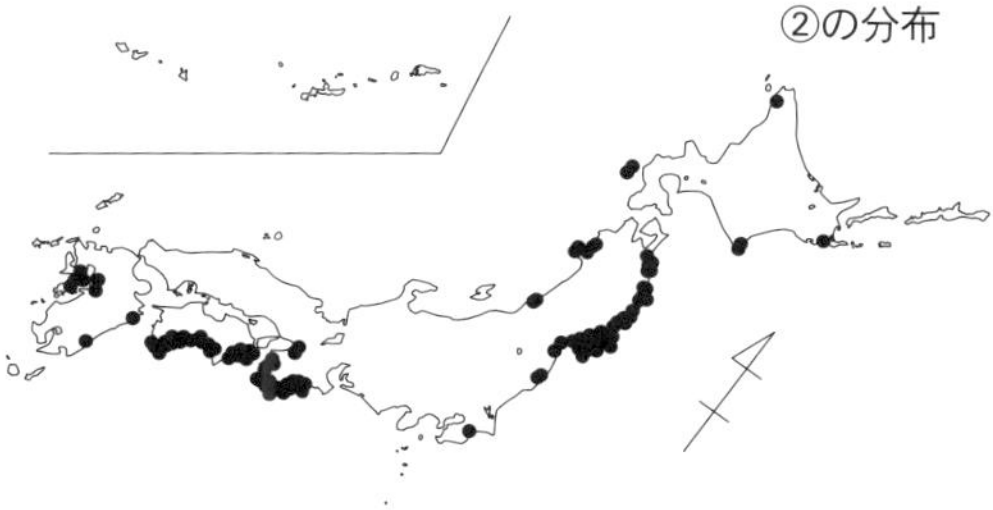

③の分布

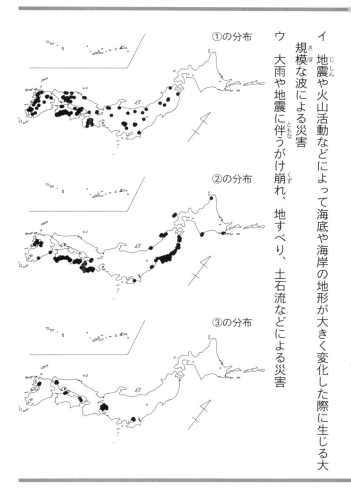

〈筑波大附属２０２１〉

自然災害伝承碑の地図記号をご存じでしょうか。

２０１９年に地図記号に追加された背景には、災害が多発する日本において、災害の教訓を正しく知り、被害の軽減に役立たせるという目的があります。過去に発生した自然災害（洪水、土砂災害、高潮、地震、津波、火山災害等）の様相や被害状況等が記載されている石碑などが該当します。

さて、資料を見ていきましょう。①は九州や四国南部に集中していますが、内陸部にも分布しています。②は四国南部や近畿南部、東北地方の沿岸部に集中しています。内陸部には見られません。③は愛知県や岐阜県あたりに集中していますが、偏りはそれほどありません。おおむね沿岸部です。この情報から、どの災害か判断していきます。

まず②がわかりやすいでしょう。内陸部に分布していないこと、三陸海岸などの東北沿岸部に集中していることから、津波と考えられます。②はイですね。

次にアを見ると、「海面が高まることで発生する災害」とありますから高潮です。①の分布は内陸部に点在していますから高潮は考えられません。③も愛知県や岐阜県にかけて広がる濃尾《のうび》平野のあたりは内陸部にも分布しているように見えますが、ここは木曽三川（揖斐川《いびがわ》・長良川《ながらがわ》・木曽川《きそがわ》）が集まる場所で、周囲を堤防で囲んでいる集落である輪中が見られる場所です。水害に悩まされてきた歴史からアに当てはまりそうです。

残ったウが①だろうと考えられます。とくに九州地方は台風の影響を受けやすいことから、がけ崩れや地すべり、土石流が多いとつなげられそうです。正解は「①ウ　②イ　③ア」となります。この自然災害伝承碑は2024年10月時点で、全国637市区町村2206基が公開されています。

「ハザードマップ」や「東日本大震災」などは、単語として問われることもありますが、まずは理解することが重要だと思わせる問題を多く目にします。筑波大附属中の入試問題も、暗記量を求めているのではなく、分析力をはかっているように感じる問題が多いという特徴があります。

中学入試問題は現代社会を映し出したものが多く、時代によって出題内容が変わっていきます。そして、どれだけ机に向かって学習量を積み重ねてきたかをはかるというより、どれだけ教養を持っているか、分析できるかを試しているようです。このような問題が広がりを見せつつあるのも、現代社会で子どもたちに求める学力の質が変わってきているからでしょう。受験生が大人の視点や教養を持つことが求められているので負担は小さくありませんが、将来必要になる能力が培われるでしょうし、少なくとも「詰め込み学習」というステレオタイプの批判は受けにくくなりそうです。

おわりに

私自身、中学受験に挑みました。今からちょうど30年前のことです。週に何度も塾に通い、志望校合格のために連日勉強していましたが、辛い、苦しいものではありませんでした。新しい知識を身につけることが楽しいと思えたことに加え、同じ目標を持つクラスの仲間と切磋琢磨することができる環境だったからでしょう。夜遅くまで塾で勉強すること自体、非日常感を持っていたのかもしれません。今よりは牧歌的な時代でしたから、塾からの帰り道、パチンコ屋のテレビを外から眺めることができました。長嶋監督率いる巨人が中日を破った「10・8決戦」。優勝が決まった瞬間を見てから帰路についたのを覚えています。

中学受験指導に携わって20年以上が経ちました。塾のあり方は当時と変わりありません。入試問題を研究し、教科書や問題集に反映させ、より効果的に合格を目指す存在です。ただ、入試問題は当時と比べて大きく変わってきています。以前は、本書に登場したような、一般教養を試す問題や、資料を読み取る問題は少数派でした。時事問題は当時から出題されていましたが、理解よりは暗記でした。「細川護熙」「羽田孜」など難しい漢字を何度も練習したものです。結局、肝心の入試ではこれら直近の総理大臣の名前はまったく出なかったのですが。

社会の変化によって教育の内容が変わり、そして入試問題も変わります。「中学入試は社会を映し出す鏡」です。

本書を読んでくださった皆さんが、中学受験は過度な詰め込み教育ではなく、幅広い教養や将来必要になる力を養うきっかけになるものだと少しでも感じてくだされば嬉しいです。

最後に、平凡社新書の平井瑛子さんに感謝申し上げます。前著『超難関中学のおもしろすぎる入試問題』の続編を書いてみませんかというオファーをくださり、基本的に私に任せてくださり、そして時にアドバイスやご指摘をくださる〝伴走〟をしていただいたこと、ありがとうございました。

２０２４年12月

松本亘正

【著者】
松本亘正（まつもと ひろまさ）
1982年、福岡県生まれ。慶應義塾大学総合政策学部卒業。大学在学中の2004年に中学受験専門塾ジーニアスを設立。東京、神奈川に8校舎を展開し、首都圏の中学を中心に高い合格実績がある。著書に『超難関中学のおもしろすぎる入試問題』（平凡社新書）、『合格する親子のすごい勉強』（かんき出版）、『合格する歴史の授業』上・下巻（実務教育出版）などがある。トライグループの映像授業「Try IT（トライイット）」社会科担当。

平凡社新書1074

超難関中学のもっとおもしろすぎる入試問題

発行日――2025年1月15日　初版第1刷
　　　　　2025年2月20日　初版第2刷

著者――松本亘正

発行者――下中順平

発行所――株式会社平凡社
〒101-0051 東京都千代田区神田神保町3-29
電話 (03) 3230-6573［営業］
ホームページ https://www.heibonsha.co.jp/

印刷・製本―株式会社東京印書館

装幀――菊地信義

ISBN978-4-582-86074-0